당신은
4차 산업혁명
입니까?

당신의 트렌드 지수를 테스트합니다

10개 미만 - 초급
20개 미만 - 중급
30개 미만 - 고급
40개 미만 - 프로

amazonfresh

위에 제시된 브랜드와 가장 관련 있는 기업은?

① Walmart ＊

②

③ **COSTCO** *WHOLESALE*

④

⑤

facebook

위에 제시된 브랜드와 가장 관련 <u>없는</u> 기업은?

①

oculus

②

WhatsApp

③

④

Instagram

₿ bitcoin

암호화폐에 해당하는 브랜드는?

①  litecoin

② MONERO

③ bitshares

④ IOTA

⑤ nem

⑥ ethereum

⑦  ripple

⑧

⑨ ethereum classic

위에 제시된 브랜드와 관련 <u>없는</u> 제품은?

ZARA

O   X

☐ ☐ 05. '자라'는 스웨덴 SPA 브랜드다.

☐ ☐ 06. 유사 브랜드로 'H&M', '유니클로'가 있다.

☐ ☐ 07. 한때 '빌게이츠'를 제치고 세계 최고 부자 서열에 올랐다.

☐ ☐ 08. 창업자는 '아만시오 오르테가'다.

☐ ☐ 09. 옷 장사는 생선 장사와 같다.

T TESLA

O   X

☐ ☐   10. 창업자는 '앨론 머스크'다.

☐ ☐   11. 2020년 7월 기준, 글로벌 자동차 산업 시가 총액 1위 기업이다.

☐ ☐   12. '쏠라시티' 태양열 에너지 기업과 합병되었다.

☐ ☐   13. 초창기 자율 주행 기능에 사용한 반도체는 '엔비디아'다.

☐ ☐   14. 차량을 판매할수록 탄소 배출권으로 인한 이익이 많아진다.

facebook

4차 산업혁명 비즈니스 트렌드 - O, X 테스트

O   X

15. 창업자는 하버드대학교 출신이다.

16. '야후'의 10억 달러 인수 제안을 거절했다.

17. 증강현실(AR) 기업인 '오큘러스'를 인수했다.

18. '인스타그램'을 인수했다.

19. '스냅챗'을 인수했다.

20~24 4차 산업혁명 비즈니스 트렌드 - O, X 테스트

O　　**X**

20. 창업자는 '빌게이츠'다.

21. 현재 CEO는 '제프 베조스'다.

22. '안드로이드' 운영 체제를 사용한다.

23. '아이튠즈' 플랫폼을 지원한다.

24. 앱을 판매하는 마켓인 '앱 스토어'를 운영한다.

▶ YouTube

O   X

☐ ☐   25. 창업자는 '스티브 첸'이다.

☐ ☐   26. '구글'에 인수되었다.

☐ ☐   27. 유·무료 동영상 서비스를 제공한다.

☐ ☐   28. 어린이를 위한 유튜브 앱이 따로 있다.

☐ ☐   29. 가상현실(VR) 서비스를 지원한다.

NETFLIX

O X

☐ ☐ 30. 창업자는 '리드 헤이스팅스'다.

☐ ☐ 31. 시작은 DVD 판매, 우편 배달 사업이었다.

☐ ☐ 32. 새 영화를 영화관과 온라인에 동시 공개한다.

☐ ☐ 33. 봉준호 감독의 '설국열차'에 투자했다.

☐ ☐ 34. 주요 수입원은 광고다.

Alphabet

구글 알파벳 CEO
래리 페이지

35 4차 산업혁명 비즈니스 트렌드 - **인물 테스트**

위에 제시된 인물과 가장 관련 있는 인물은?

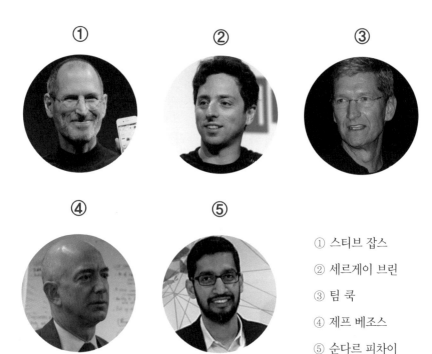

① 스티브 잡스

② 세르게이 브린

③ 팀 쿡

④ 제프 베조스

⑤ 순다르 피차이

아이언맨

위에 제시된 캐릭터와 가장 관련 있는 인물은?

①

②

③

④

⑤

① 앨론 머스크

② 잭 도시

③ 리처드 브랜슨

③ 리드 헤이스팅스

⑤ 마크 주커버그

대시 버튼

에코

대시

37   4차 산업혁명 비즈니스 트렌드 - **인물 테스트**

위에 제시된 제품과 가장 관련 있는 인물은?

① ② ③

④ ⑤

① 젠슨 황

② 트래비스 캘래닉

③ 캐빈 시스트롬

④ 제프 베조스

⑤ 네이선 블레차르지크

오큘러스
리프트

38 4차 산업혁명 비즈니스 트렌드 - **인물 테스트**

위에 제시된 제품과 가장 관련 있는 인물은?

① ② ③

④ ⑤

① 팔머 럭키

② 레이 쥔

③ 리드 호프만

④ 아만시오 오르테가

⑤ 리처드 브랜슨

백팩
배터리
나인봇
미밴드
공기 청정기

39   4차 산업혁명 비즈니스 트렌드 - **인물 테스트**

위에 제시된 제품과 가장 관련 있는 인물은?

①   ②   ③

④   ⑤

① 마화텅

② 레이쥔

③ 마윈

④ 프랭크 왕

⑤ 야나이 다다시

아이폰

40 4차 산업혁명 비즈니스 트렌드 - 인물 테스트

위에 제시된 제품과 가장 관련 있는 인물은?

①   ②   ③

④   ⑤

① 리드 호프만

② 워렌버핏

③ 에반 슈피겔

④ 잭 도시

⑤ 스티브 잡스

테슬라와 아마존을 알면 데이터 금융이 보인다

밀리언
신문 **김민구** 지음

BM (주)도서출판 **성안당**

금융은 인간의 소유욕을 해소시켜주는 매개체입니다. 돈이 많으면 욕구를 해소시킬 수 있고, 욕구가 해소되면 행복과 즐거움을 동시에 만끽할 수 있습니다. 행복과 즐거움이 많아질수록 그 분위기는 급속도로 확산될 가능성이 높습니다. 이것이 트렌드가 되고, 지속적으로 이어지면 문화가 되는 것입니다. 그들만의 문화가 유익하다고 판단되면 주변국들의 관심을 불러일으킵니다. 마치 우리의 한류처럼 말이지요.

변화는 그런 것입니다. 과거 우리가 알던 금융이 점차 사라지고, 기술과 결합한 새로운 금융이 새 시대를 맞고 있습니다. 기술과 결합한 금융이 자율 주행 자동차와 커넥티드 카, 가상현실(VR), 증강현실(AR), 확장현실(XR) 그리고 인공지능(AI)과 결합해 우리 일상생활과 가까워졌습니다. 지금이 우리의 앞날을 위해 집중해야 할 시기가 아닐까 생각합니다. 이 책은 무엇에 집중해야 할지 모르는 독자를 위해 몇 가지 집중 포인트를 필자의 시각에서 '변화, 집중, 대안'이라는 3개의 파트로 나누어 집필하였습니다. 필자는 기술의 발달이 변화의 시작이라 믿고 있습니다. 그 대표적인 예가 '핀테크'입니다. 현금, 신용카드 대신 QR코드로 구걸하는 중국 거지의 모습을 보면 중국의 미래 10년이 고스

란히 머릿속에 그려집니다. 또 집중해야 하는 포인트는 얇고, 가볍고, 유연하면서 원하는 크기로 조절할 수 있는 디스플레이, 신체 정밀 측정이 가능한 카메라 및 센서 기술의 발달입니다. 어느 한 곳에 집중하기 시작하면 기술의 흐름은 50% 이상 이해할 수 있고, 나머지 50%는 이기적인 호기심으로 조금씩 채워 나갈 수 있습니다. 그마저도 없다면, 필자가 제시하는 대안에서 해답을 찾았으면 합니다. 가장 추천하고 싶은 대안으로는 '자신만의 로고(브랜드) 만들기'입니다. 세상은 브랜드를 이름보다 먼저 기억합니다. 브랜드는 상징이 되는 로고가 큰 역할을 합니다. 브랜드를 알리기 위해 마케팅을 하듯, 자신을 브랜드, 즉 상품이라 가정하고 4차 산업 시대에 맞는 마케팅 전략을 세우는 것이 중요합니다.

　이 책은 인터넷에 떠도는, 이미 기사화된 관련 내용들을 읽기 쉽게 정리한 책이 아닙니다. 기술과 기술의 결합, 기술과 사람의 결합, 기술과 문화의 결합, 기술과 사람과 문화의 결합으로 파생될 수 있는 생각들을 필자의 관점에서 정리한 책입니다. 아무쪼록 이 책이 여러분이 다가오는 변화에 적응하는 데 작지만 큰 도움이 되길 바랍니다.

밀런
신문 **김민구**

PART 01

기술적 · 문화적 **변화**

PART 02

삶과 기술의 융합 그리고 **집중**

PART 03

데이터 수집·분석 그리고 **대안**

PART

01

테슬라와 아마존을 알면
데이터 금융이 보인다

기술적 · 문화적 변화

과거에는 글을 아는 사람, 지식이 많은 사람이 풍요로운 삶을 누리며 살았지만, 미래에는 데이터를 적재적소에 잘 활용하는 사람이 풍요로운 삶을 누리며 살아갈 것입니다.

중국 거지는
QR코드로 구걸한다

/

· 키워드 ·

핀테크, 위챗페이, 알리페이, 애플페이, 데이터 수집

필자는 피자를 주문할 때 '도미노피자' 앱을 사용합니다. 이동 통신사 포인트 할인이 40%나 적용되기 때문입니다. 이 포인트로 가족들과 함께 주말 브런치를 즐깁니다. 그 밖의 음식을 주문할 때는 '배달의 민족' 앱, 병원을 예약할 때는 해당 병원의 앱, 그리고 쇼핑을 할 때는 '쿠팡 · 11번가 · 옥션 · 지마켓 · 티몬 · 위메프 · 네이버' 앱을 번갈아 가며 사용합니다. 또 송금 업무와 공과금 납부는 '토스 · 카카오뱅크' 앱, 은행 업무는 '우리은행 모바일 뱅킹' 앱을 사용합니다. 음악은 보통 운전 중에 즐겨 듣는데, 이때에도 제가 쓰는 이동 통신사 할인이 적용되는 '지니' 음악 앱을 사용합니다. 오프라인 결제는 주로 삼성카드를 사용하고, 온라인상에서 이루어지는 모든 결제는 삼성카드 QR코드를 사용합니다. 생활에 필요한 약 15개 이상의 앱을 일일이 다운받아 그때그때 사용하고 있습니다.

만약, 이 모든 생활 밀착형 서비스가 앱 하나로 해결된다면 어떨까요? 필자라면 다른 앱을 모두 삭제하고, 그 앱만 사용할 것 같습니다. 바로 중국이 2011년부터 이 모든 서비스가 가능한 앱을 출시하여 월평균 11억 5천명(2020년 기준)이 넘는 사용자를 확보했습니다. 이것은 바로 중국의 대표 IT 기업인 텐센트(Tencent)가 개발한 메신저 앱 '위챗'입니다. 처음에는 젊은 층을 중심으로 사용되다가 지금은 중국을 대표하는 국민 메신저 앱으로 성장했습니다. 우리나라의 '카카오톡'과 같은 메신저 앱입니다.

위챗페이

앞서 필자가 언급한 모든 서비스에는 공통적으로 사용되는 서비스가 있습니다. 그것은 바로 피자 주문 후 결제, 쇼핑 후 결제, 병원 진료비 결제, 월정액 음악 스트리밍 사용료 결제, 기타 모든 서비스 사용 후 반드시 거쳐야 하는 '결제 서비스'입니다. '위챗'은 이 모든 서비스의 결제를 전자화폐 '위챗페이'와 연동하여 사용자의 편의성을 극대화했습니다. 그 방법은 다음과 같습니다.

```
      '위챗' 앱 실행
           ↓
     개인 QR코드 생성
           ↓
  비밀번호 여섯 자리 입력
           ↓
       결제 완료
```

▲ 위챗페이 결제 과정

출처: Citcon

 간단하죠? '위챗'이 비교적 짧은 기간에 많은 사용자를 확보할 수 있었던 이유는 QR코드 결제 방식 때문이라고 할 수 있습니다. 아이폰과 갤럭시폰은 지문 인식, 홍채 인식과 같은 생체 인식 보안 기술을 활용하는데, 이 기술을 사용하기 위해서는 고사양의 부품이 필요하므로 스마트폰의 가격이 높아질 수밖에 없습니다. 하지만 QR코드 결제 방식을 사용하면 고사양의 스마트폰이 아니라도 비밀번호 입력만으로 간편하게 결제할 수 있으므로 좀 더 넓은 사용자 층을 확보할 수 있습니다.

 필자가 친구에게 송금할 때는 토스 또는 카카오뱅크 앱을 사용하지만, '위챗'은 메신저에 등록된 친구를 선택하고 비밀번호 여섯 자리를 입력하면 됩니다. 이때 상대가 24시간 내에 수락하지 않으면 자동으로 취소됩니다. 또 회비를 걷거나 더치페이를 할 때도 편리하게 사용됩니다. 만약, 친구가 바로 옆에 앉아있다면, 금액을 입력해 QR코드를 생성하면 됩니다. 친구가 QR코드를 스캔하면 이체가 곧바로 이루어집니다. 우리나라의 카카오뱅크 서비스가 '위챗'을 많이 닮았습니다.

출처: aiainews.com, Andreessen Horowitz

∧ QR코드로 구걸하는 중국 거지

중국의 거지가 QR코드로 구걸할 수 있게 된 이유는 이와 같은 서비스가 널리 사용되고 있기 때문입니다. 실제로 중국의 거지는 원통형 깡통에 QR코드 스티커를 부착하여 현금 대신 전자화폐를 구걸합니다. 그뿐만 아니라 옥수수 버터구이, 닭꼬치, 호떡, 공갈빵, 과일 가게, 기타 길거리 노점 어느 곳에서도 QR코드 결제가 가능합니다. 1개 1,000원인 호떡을 카드 결제가 불가하거나 현금이 없어 먹지 못하는 우리 현실과 달리, 중국의 '위챗페이'는 일찍이 '현금 없는 경제'를 시작하고 있었습니다.

'위챗페이'와 함께 중국의 전자화폐 시장을 이끄는 또 다른 기업으로는 알리바바 그룹의 '알리페이'가 있습니다. 이 둘은 중국 전체 결제 수단의 80%를 점유하는 것으로 추정됩니다. 중국 내 모바일 결제 이용액은 2014년 약 1천조 원에서 2018년 약 3경1,960조 원으로 4년 새 약 32배 급등했습니다. 중국은 이미 신용카드 결제보다 QR코드 결제에 익숙해져 있다고 볼 수 있습니다. 그래서 한국을 찾는 중국인 관광객 중 30~40%는 '위챗페이'나 '알리페이'로 결제를 합니다.

출처: Bestchinanews

∧ 알리페이(왼쪽), 위챗페이(오른쪽) 로고

그렇다면 전자화폐나 QR코드 결제를 통해 얻어지는 긍정적인 효과는 무엇일까요? 일단, 사용자로서는 비용 절감의 효과가 있습니다. 여행 시의 신용카드 사용 수수료와 환전 수수료를 줄일 수 있고, 익숙하지 않은 화폐 사용으로 발생하는 번거로움을 줄일 수도 있습니다.

식당에서 별도의 메뉴판 없이 음식 주문과 결제를 동시에 진행할 수도 있습니다. 식당의 QR코드를 인식하면 친구 추천 페이지 창이 나타나는데, 이때 친구 추가 후 대화 창에서 메뉴 카테고리로 이동하면 음식을 주문할 수 있습니다. 결제 역시 QR코드로 진행할 수 있습니다. 주문 시에 필요한 물품과 종업원이 필요 없고, 결제 전담 사장님의 데스크가 필요 없어지는 것이지요. 그뿐만 아닙니다. 택시, 영화, 병원, 미용실, 공연 등도 이와 동일한 방법으로 사용할 수 있습니다. '도시 서비스'라는 카테고리를 사용하면, 수도 요금·전기 요금 등과 같은 공과금도 간편하게 결제할 수 있습니다(최근 '카카오페이'도 이와 같은 서비스를 출시했습니다). 이 밖에 QR코드 결제로 인해 검은돈의 사용을 줄일 수 있고, 세금도 쉽게 확보할 수 있습니다.

현금 없는 경제, 전자화폐 사용으로 얻어지는 가장 큰 효과는 금융의 흐름을 데이터로 수집할 수 있다는 데 있습니다. 이는 금융 사고, 금융 범죄에 대한 예방 백신이 되기도 합니다. 먼저, 과거 부정 거래나 이상 거래와 같은 금융 사고 사례들의 패턴과 원인을 분석해 사고 시나리오를 설정하고, 이와 관련된 데이터를 수집·분석합니다. 이후 사고 시나리오로 분류되는 요소들을 찾아내 금융 사고, 금융 범죄 그리고 정상 거래를 구분해 냅니다. 이렇게 알고리즘을 만든 후 머신 러닝을 통해 관련 기술을 개발합니다.

금융의 흐름을 정확한 수치로 파악할 수 있다는 건 다양한 분야에 정확도 높은 예측과 대비가 가능하다는 것을 의미합니다. 3차 산업혁명까지의 에너지원이 '전기'였다면, 4차 산업혁명의 에너지원은 바로 '데이터'입니다. 거지가 거둬들이는 수입의 흐름까지 파악할 수 있는 중국의 변화가 기대되는 시점입니다.

다음 중 1차 - 2차 - 3차 - 4차 산업혁명의 순서를 잘못 나열한 것은?

① 방직기 - 전화 - 자동화 - 인공지능

② 증기 - 석유 - 컴퓨터 - 로봇

③ 전기 - 증기 - 자동화 - 데이터

④ 증기 - 전기 - IT - 데이터

⑤ 방적기 - 전기 - 컴퓨터 - 데이터

⊘ 정답 및 해설

- 1차 산업혁명(18세기): 방직기, 방적기 개발로 대량 생산이 가능해졌으며, 증기의 힘으로 동력을 공급하는 증기 기관의 개발로 생산성이 폭발적으로 증가했다.
- 2차 산업혁명(19세기): 석유의 발견 및 전기와 전화, 알루미늄 발명으로 대량 생산 체제의 기반이 마련되었다.
- 3차 산업혁명(20세기): 컴퓨터를 기반으로 정보의 활용이 용이해졌으며, 이로 인해 자동화 생산 체제가 구축되었다.
- 4차 산업혁명(21세기): 인공지능, 로봇, 생명과학, 가상현실, 증강현실

정답 ③

뽀통령, 캐통령, 타요,
그들에게는 데이터 소진 전문가

· 키워드 ·

1인 창작자, 추천 알고리즘, 유튜브, 옥수수, 데이터 소비

다음에 제시된 11개 캐릭터 중 당신이 알고 있는 캐릭터는 모두 몇 개인가요?

A: 아기 공룡 둘리, 후레시맨, 달려라 하니, 날아라 슈퍼보드,
　　도널드, 미키마우스

B: 시크릿 쥬쥬, 캐리와 장난감 친구들, 뽀로로, 꼬마버스 타요,
　　콩순이

위에 제시된 11개의 캐릭터는 모두 필자가 잘 알고 있는 캐릭터입니다. A에 등장하는 캐릭터는 어린 시절 필자가 좋아했던 애니메이션, B에 등장하는 캐릭터는 필자의 딸이 좋아하는 애니메이션입니다. 특히, '콩순이'는 교육적인 측면에서 도움이 되는 스토리라

자주 보여주다 보니 가끔 '콩순이'의 말투를 따라 하는 딸아이를 보며 웃곤 합니다. 그중 '콩순이'에 등장하는 '콩순이 엄마'는 필자가 가장 좋아하는 캐릭터입니다. 예쁘고, 친절하고, 예쁘고, 요리 잘하고, 예쁘고, 남편까지 잘 챙기거든요. 딸아이가 '콩순이'에 집중할 때 필자는 '콩순이 엄마'에 집중합니다.

약 10여 년 전, '뽀로로'가 '뽀통령'으로 군림하던 시절이 있었습니다. 울고 웃고 시끄럽게 뛰어놀던 아이들도 '뽀로로' 한마디면 마법처럼 조용히 시킬 수 있었던 엄청난 힘을 가진 캐릭터였습니다. 사실 그때는 '뽀통령'의 존재감을 피부에 와 닿을 만큼 느낄 수 없었지만, '뽀통령'이라는 신조어가 만들어졌다는 것만으로도 충분히 이해할 수 있었습니다. 그런데 10여 년이 지난 지금, '뽀통령'의 왕좌가 '캐리'에게 넘어가고 말았습니다. 새로운 왕좌에 '캐통령'이 앉게 된 것이지요. 모르는 이들에게는 '뽀통령'과 '캐통령'이 비슷한 애니메이션 캐릭터 정도로 생각될 수 있지만, '캐통령'은 애니메이션이 아닌 사람이라는 점이 새롭습니다.

'캐리와 장난감 친구들'의 콘셉트는 애니메이션이 아닌 소꿉놀이입니다. 아이들이 좋아하는 새로운 장난감을 소개하고, 눈높이에 맞춰 소꿉놀이 친구가 되어주는 것이지요. 지금은 종편에서 '캐리TV'를 시청할 수 있고, 온라인(주로 유튜브) 채널에서 무료로 시청할 수 있습니다. 이미 유튜브 채널 구독자 수는 2020년 7월 기준 202만 명, 동영상 수는 2,332개에 이릅니다. '뽀로로'의 구독자 수는 약 392만 명, 동영상 수는 3,228개에 이릅니다.

^ 뽀통령(뽀로로)과 캐통령(캐리)

'뽀통령'과 '캐통령'이 뭐 그리 대단하냐고 생각할 수 있지만, 이들이 벌어들이는 수익을 살펴보면 그 가치를 이해할 수 있습니다.

'뽀로로', '타요' 유튜브 수익 50억 원

'뽀로로'와 '타요'는 2016년 유튜브에서만 광고 수익 50억 원을 돌파했습니다('뽀로로' 캐릭터를 만든 기업은 1996년에 설립된 '오콘' 사이다. '뽀로로'는 130개국에 수출된 '오콘'의 첫 TV 시리즈이며, 현재까지 로열티만 1천억 원 이상을 벌어들이고 있다. 이후 전문 퍼블리셔인 국내 최대 애니메이션 제작사 '아이코닉스'와 공동 제작해 다양한 애니메이션과 콘텐츠를 개발·배급하고 있고, SK브로드밴드와 EBS가 전략적 투자자로 참여 중이다). 유튜브에서의 매출은 '뽀로로'와 '타요' 영상 콘텐츠 전체 매출의 40%에 해당하는 금액입니다. 더욱 놀라운 점은 전체 매출의 절반이 스마트폰과 태블릿 PC와 같은 스마트 기기에서 발생했고, 사용 시간은 전체 67%가 스마트 기기, 나머지가 TV와 컴퓨터라고 합니다. 이미 전통 미디어를 압도하고 있는 것이지요.

필자는 4차 산업 변화의 흐름을 '뽀로로, 타요 2016년 유튜브 광고 수익 50억 원'을 기준으로 분석한 적이 있었습니다. 당시 기준으로 삼았던 키워드는 다음과 같습니다.

뽀로로 탄생 2003년, 꼬마버스 타요 탄생 2010년

아이폰 탄생 2007년

4세대 LTE 서비스 상용화 2011년

절반에 가까운 맞벌이 부부 증가

맞벌이 부부의 외식 횟수

유튜브 추천 알고리즘

아이코닉스의 유튜브 전략

위에서 언급한 키워드로 분석한 내용은 다음과 같습니다.

먼저, '뽀로로' 탄생 13년, '타요' 탄생 6년이 지난 2016년이 되어서야 '왜 유튜브 매출 50억 원을 돌파했을까?'라는 의문을 가졌습니다. 분석의 시작은 딸아이였습니다. 한글도 모르는 녀석이 왜 자꾸 영상을 바꿔 가며 오랫동안 유튜브에 머물러 있는 걸까? 그 이

유는 어렵지 않게 찾을 수 있었습니다. 아이폰 사용법이 쉽다는 것이 첫 번째 이유였고, 좋아할 만한 영상들을 지속적으로 추천하는 유튜브의 알고리즘 기술이 두 번째 이유였습니다. 무료 시청을 위해선 5초 광고를 의무적으로 봐야 했지만, 불평할 만큼은 아니었습니다. 그러던 중 새로 생긴 궁금증은 딸아이가 보는 영상인데, '왜 면도기 광고와 스포츠용품, 대출 광고가 나타나는 것일까?'였습니다. 그 원인은 필자의 아이디로 로그인되어 있었기 때문입니다. 필자가 좋아할 만한 광고를 지속적으로 노출시켰던 것입니다.

그렇다면 왜 자꾸 같은 캐릭터의 영상이 나타나는 걸까요? 일단, 같은 채널에 관련된 영상이 많아 추천될 확률이 높았다고 판단했습니다. 그렇기 때문에 11분짜리 영상이 많은 비중을 차지하고 있는 것으로 판단했지만, 그 판단이 잘못됐다는 사실은 얼마 지나지 않아 알게 되었습니다. 여러 개의 영상이 30분짜리, 1시간짜리, 2시간짜리로 묶여 하나의 콘텐츠가 되어 있었습니다. 관련 기사를 통해 알게 된 또 다른 사실은 애니메이션 영상뿐만 아니라 캐릭터 옷을 입은 배우들이 연기하는 새로운 '뽀로로', '타요'의 실사 영상도 포함되어 있었습니다. 애니메이션 제작의 경우, 11분짜리 26편 시리즈를 기준으로 약 50억 원의 예산과 1년여의 제작 기간이 필요하지만, 비슷한 규모의 실사 영상 제작은 애니메이션 제작 대비 10분의 1 정도면 충분했던 것입니다.

︿ 묶음·실사·캐릭터 영상 콘텐츠

'아이코닉스'는 유튜브 채널을 통해 '뽀로로'와 '타요'를 10개 언어, 22개 채널로 서비스하고 있습니다. 그래서인지 '뽀로로'와 '타요'의 해외 시청자 비중이 52%로 국내 시청자를 앞질렀고, 연간 총 조회수는 20억 건을 넘어섰으며, 2013년 16%였던 유튜브 광고 매출 비중이 3년 후 40%대로 급증했습니다.

또 다른 분석은 스마트 기기에서 버퍼링 없이 시청하기 위해서는 빠른 데이터 통신과 이를 받쳐주는 스마트 기기의 사양이 뒤따라줘야 하는데, 4세대 LTE 서비스 상용화와 고사양의 스마트 기기 출시가 맞물려 고해상도의 동영상 시청자가 증가하였습니다.

종종 식당에서 유아 식탁 의자에 앉아 유튜브 동영상을 시청하는 어린 손님들을 보셨을 겁니다. 타인에게 피해를 주기 싫어 유튜브 영상을 보여주는 부모들의 처방인 것입니다. 5분, 10분마다 영상이 끝나고 자꾸 다른 영상을 보여 달라고 조르는 아이 때문에 식사를 제대로 하지 못했던 부모들에게 30분, 1시간 묶음의 영상은 한 번의 터치로 아이가 30분 이상을 집중하게 할 수 있는 매력적인 콘텐츠였던 셈이지요. 그렇기 때문에 외식 횟수가 많거나 집 밖에서 보여주는 비중이 높은 필자와 같은 사용자들은 데이터 무제한 요금제를 선택하는 경우가 많습니다.

결국, 필자가 분석한 최종 키워드는 '데이터 소비'였습니다. 국내에서만 수백억 원이 넘는 매출을 올리는 유튜브와 음성 통화, 문자 서비스 수익 구조에서 데이터 서비스 위주의 수익 구조로 바뀐 이동통신사 그리고 그들이 개발한 동영상 플랫폼까지. 콘텐츠 크리에이터의 대표 주자인 '대도서관', '윰댕'과 같은 인물들이 대우받는 이유는 그들이 가진 재능이 기업들이 만든 플랫폼에서 꾸준히 데이터를 소비시켜주고 있기 때문입니다. 데이터 소비가 있어야 유튜브에 접속할 수 있고, 광고도 노출시킬 수 있으니까요. 그들에게 '뽀통령'과 '캐통령', '타요'는 데이터 소진 전문가입니다.

누군가 데이터 사용료를 지불하고 있을 때, 누군가는 데이터를 소진시키기 위해 다양한 시도를 하고 있습니다. 경제의 흐름이 금융에서 데이터로 옮겨 가고 있다는 사실을 절대 잊어서는 안 될 것입니다.

T/E/S/T

다음 중 가상현실과 가장 관련이 <u>적은</u> 기업은?

① 오큘러스

② HTC

③ 페이스북

④ 트위터

⑤ 구글

⊙ **정답 및 해설**

- 오큘러스: 페이스북이 2014년 23억 달러에 인수한 가상현실 전문 기업
- HTC : 현존하는 가상현실 전용 기기 중 가장 많은 판매고를 기록한 '바이브'를 개발한 기업
- 구글: 모바일 가상현실 브랜드 '데이드림'을 개발함

정답 ④

바퀴 달린 아이폰

/

· 키워드 ·

아이팟, 아이폰, 테슬라

Say hello to iPod.

1,000 songs in your pocket.

∧ 아이팟 광고 카피

'주머니 속 노래 1,000곡' 1,000 songs in your pocket

전 세계 누적 판매량 2억 7,500만 대, 디지털 음악 재생기 시장의

75%, 지금의 애플을 일등 기업이 아닌 일류 기업으로 발돋움할 수

있게 만든 MP3 플레이어의 최강자는 2001년 10월에 출시한 애플의 '아이팟(ipod)'입니다. 미국에서 MP3 플레이어를 사용하는 4명 중 3명은 '아이팟'이라는 이야기이기도 합니다. 당시 '아이팟'의 광고 카피는 '주머니 속 노래 1,000곡'이었습니다. 다른 제품들이 플래시 메모리를 사용했던 것과 달리 '아이팟 1세대'는 1.8인치 하드 디스크 드라이브를 장착했습니다. 가능한 많은 음악을 담기 위해서였죠. 많은 음악을 담을 수 있었던 만큼 가격 또한 399달러로 매우 비싼 편이었고, 크기도 크고 배터리 소모 또한 빨랐습니다. 이를 비판적인 시각으로 바라보는 이들도 있었지만, 그럼에도 불구하고 소비자들의 선택은 '아이팟'이었습니다.

출처: Apple

▲ 다양한 기능을 가진 아이팟

많은 소비자의 선택을 받게 된 요인 중 하나로 '아이튠즈'를 꼽는 이들이 많습니다. 음악을 찾고 변환하고 구매하고 담기가 용이했기 때문입니다. 아이팟을 사용하지 않는 이들도 PC에서 '아이튠즈'를 사용할 만큼 편리한 음악 관리 서비스였던 셈이지요. '아이튠즈'에 익숙해진 사용자들은 그렇게 서서히 애플이 만든 생태계에 젖어 들기 시작했습니다.

전화+카메라+GPS가 장착된 아이팟 터치, 아이폰

많은 음악이 담겨 있어도 빨리 찾아 들을 수 있었고 사파리, 메일, 날씨, 캘린더, 계산기, 메모, 시계, 기타 등 데이터가 요구되는 다양한 기능까지 추가되면서 '주머니 속 노래 1,000곡'은 '주머니 속 미니컴퓨터'로 바뀌었습니다. 마이크로소프트는 모든 사람의 책상에 컴퓨터가 놓일 것이라 했고, 애플은 모든 사람의 주머니에 컴퓨터가 들어갈 것이라고 했던 때입니다. 이와 같은 슬로건 때문이었는지 애플은 '아이팟 터치'에 전화, 카메라, GPS 기능을 장착하여 시장에 출시하면서 일등 기업에서 진정한 일류 기업으로의 위치에 가까워집니다. 전화, 카메라, GPS가 장착된 '아이팟 터치'는 2007년 '아이폰(iphone)'이라는 이름으로 재탄생합니다. 이후 아이폰은 스마트폰의 대명사가 되었습니다.

애플 생태계

애플이 출시한 제품군에는 크게 다섯 가지가 있습니다.

출처: Apple Product Service Centre in UAE, Mobile Repair Shop, Iphone

∧ 다양한 애플 제품

- 맥(Mac)

  맥북 에어, 맥북 프로, 아이맥, 아이맥 프로, 맥 프로 맥 미니,

  프로 디스플레이 XDR, 액세서리, (맥 OS) 카탈리나

- 아이패드(iPad)

  아이패드 프로, 아이패드 에어, 아이패드, 아이패드 미니, 애플 펜슬,

  키보드, 에어팟, 액세서리, 아이패드OS

- 아이폰(iPhone)

  아이폰 시리즈, 에어팟, 액세서리, 애플 카드, iOS

- 워치(Watch)

  애플 워치 시리즈, 애플 워치 나이키, 애플 워치 에르메스, 에디션,

  밴드, 에어팟, 액세서리, 워치OS

- 뮤직(Music)

  애플 뮤직, 에어팟 프로, 에어팟, 홈팟, 아이팟 터치, 비트,

  음악 액세서리, 기프트 카드

애플 제품 사용자들은 책상 위에서 애플을 사용하고, 주머니 속에 애플을 넣어 다니고, 손목에 애플을 착용하고, 가방 안에 가볍게 애플을 넣어 다닙니다. 다시 말해 보고, 듣고, 말하고, 만지고, 느끼고, 생각하는 모든 곳에서 애플을 사용하고 있는 것입니다. 애플의 생태계가 아주 잘 순환되고 있다는 방증이기도 합니다. 이 모든 생태계가 점차 자동차로 옮겨 가고 있습니다.

바퀴 달린 아이폰, 테슬라

음악 = '아이팟'

음악＋데이터 = '아이팟 터치'

음악＋데이터＋전화＋카메라＋GPS = '아이폰'

아이폰＋자동차 = 테슬라?

▲ 바퀴 달린 아이폰

전기 자동차의 대명사인 테슬라를 가리켜 많은 이들이 '바퀴 달린 아이폰'이라 말하곤 합니다. 아마도 테슬라를 모르는 이들에게 쉽게 설명하기 위해서였을 것입니다. 사실, 테슬라는 자체 OS를 사용합니다.

테슬라의 등장은 아이폰의 등장만큼이나 혁신이라는 단어가 어색하지 않은 자동차입니다. 그만큼 아이폰과 공통점이 많습니다. 몇 가지 공통점을 이야기하면 다음과 같습니다.

'자판 없는 아이폰 – 엔진 없는 테슬라'
'전면 터치 디스플레이 아이폰 – 자동차 내 모든 기능을 제어하는 터치 디스플레이 장착 테슬라'
'충전 가능 배터리 장착 아이폰 – 충전 가능 배터리 장착 테슬라'
'GPS, 내비게이션 가능 아이폰 – GPS, 내비게이션 가능 테슬라'
'고성능 카메라 장착 아이폰 – 고성능 카메라 장착 테슬라'
'음성 인식 제어 아이폰 – 음성 인식 제어 테슬라'
'소프트웨어 업데이트 성능 개선 아이폰 – 소프트웨어 업데이트 성능 개선 테슬라'
'스마트폰 대명사 아이폰 – 전기 자동차 대명사 테슬라'
'글로벌 기업 시가 총액 1위 기업 애플 – 글로벌 자동차 산업 시가 총액 1위 기업 테슬라'

세상은 탄생 10주년을 맞은 아이폰과 함께 '혁신(Innovation)' 10주년도 함께 맞이하고 있습니다. 2017년 탄생 10주년을 맞는 아이폰 X은 이미 전 세계인의 기대를 한몸에 받고 있으며, 앞으로의 10년을 바퀴 달린 아이폰, 테슬라에 올라탈 준비 태세를 갖추고 있습니다.

'바퀴 달린 아이폰, 날개 달린 아이폰, 로켓 달린 아이폰'

빠르게 변화하는 만큼 빠르게 변화를 받아들이는 마음가짐이 필요한 때입니다.

T/E/S/T

다음 중 전기 자동차의 대표주자 테슬라의 창업자 앨론 머스크와 가장 관련이 <u>적은</u> 것은?

① 페이팔

② 링크드인

③ 스페이스 X

④ 솔라시티

⑤ 아이언맨

⊚ 정답 및 해설

- 앨론 머스크는 페이팔의 공동 창업자 중 한 명으로, 이베이에 페이팔을 매각해 벌어들인 돈으로 전기 자동차 기업인 테슬라 모터스와 태양 에너지 기업인 솔라시티, 민간 우주 개발 업체인 스페이스 X를 창업했다. 영화 아이언맨의 실제 모델이기도 하다.

정답 ②

맥세권, 스세권, 다세권, 강아지 유치원

· 키워드 ·

1인 가구 증가, Z세대, 욜로, 휘게

저도 이제 '맥세권'에 살게 됐어요. 축하해주세요!

맥세권 + 스세권 + 다세권 + 강아지 유치원

이들 신조어에는 공통점이 있습니다. 바로 1인 가구의 증가를 대변한다는 점입니다. 하나하나 살펴보면 다음과 같습니다.

맥세권 = 맥도날드 + 역세권

스세권 = 스타벅스 + 역세권

다세권 = 다이소 + 역세권

강아지 유치원 = 강아지 + 유치원

⌃ 신조어 맥세권, 스세권, 다세권

혼자 사는 가구가 늘어나면서 이들이 살아가는 방식을 신조어 하나로 대변한 것입니다. 그렇다면, 이 신조어가 어떻게 생겨났는지 궁금해지기도 합니다.

'직방', '다방'과 같은 부동산 관련 앱의 사용 증가가 그 시작이었다고 볼 수 있습니다. 부동산 방문과 대면 상담이 부담스러운 20대에게 부동산 앱은 여러 측면에서 편리함을 제공합니다. 직접 통화 대신 댓글을 활용하고, 다른 사용자의 댓글을 통해 필요한 정보를 얻는 것이지요. 마음에 드는 원룸을 찾은 사용자는 게재된 정보

외에 다른 정보를 알고 싶어 다음과 같이 질문을 올립니다.

"거기 혹시 맥세권인가요?"

이를 본 매물을 올린 공인중개사는 이렇게 답합니다.

"맥세권이 뭔가요?"

"거기 혹시 주변에 맥도날드나 롯데리아 있나요?"

"네, 100미터쯤 앞에 맥도날드가 있습니다."

이후 부동산을 찾은 사용자에게 공인중개사는 다시 묻습니다.

"맥도날드를 왜 찾는 건가요?"

"맥도날드는 우선 앱으로 배달도 되고요, 매장에는 와이파이, 충전도 되고, 끼니도 챙기고, 커피, 아이스크림도 먹을 수 있잖아요. 게다가 여름에는 시원하고 겨울에는 따뜻하고 24시간 운영하잖아요. 거기서 노트북으로 늦게까지 과제를 많이 하거든요. 그래서 좋아요."

X세대 이전까지만 해도 '역세권'이 대세였지만, 요즘 Z세대에게는 '맥세권'이 대세가 된 것입니다(여기서 말하는 'Z세대'란, 1995년 이후에 태어난 19세 미만의 청소년을 뜻하지만, 필자는 키보드 자판 'Z'의 한글 자음 'ㅋ'을 많이 사용하는 세대로 받아들이고 있습니다). 그뿐만 아닙니다. 유사한 환경의 스타벅스도 '스세권'이라는 신조어로 사용되고 있고, 무한 가성비로 승부하는 다이소 역시 '다세권'이라는 신조어로 사용되고 있습니다. 국내에서만 2019년 2조 2,362억 원 이상의 매출을 올린 다이소는 대한민국 최대 메신저 기업 '카카

오' 만큼이나 모든 세대에게 사랑받고 있습니다. 필자는 이렇게 이야기하곤 합니다. 원룸 위주의 오피스텔을 분양할 때 지하 1층은 다이소, 지상 1층은 맥도날드, 스타벅스, 그리고 그 옆으로 크린토피아, 편의점이 입점한다면, 그곳은 1인 가구의 성지가 될 것이라고….

이쯤에서 신조어 '강아지 유치원'이 궁금해지기도 합니다.

이름 그대로 강아지들이 다니는 유치원을 말합니다. 강아지를 키우는 1인 가구 직장인이 아침 출근길에 강아지를 유치원 버스에 태워 보냅니다. 강아지 유치원 선생님은 이렇게 인사하며 강아지를 건네받습니다.

"루키야, 안녕! 좋은 아침이야~"

근무하는 동안 10시간 이상 집에서 혼자 있을 '루키'가 안쓰러워 매달 40~60만 원의 비용을 지불하며 다른 반려견들과 함께 어울릴 수 있도록 유치원에 보내는 것입니다. 그곳에서 반려견들은 영양을 고려한 사료와 간식을 먹고, 함께 운동하고, 대소변을 가리는 훈련도 합니다. 유치원이 끝나면 다시 버스를 타고 하원합니다. 혼자 사는 사람들이 증가하면서 이들 위주의 새로운 산업도 꾸준히 증가하고 있다는 모습을 보여주는 대목이기도 합니다.

욜로(Yolo), 휘게(Hygge)

지금은 '욜로(Yolo)', '휘게(Hygge)'와 같은 신조어들이 '맥세권'의 분위기를 이어받아 널리 사용되고 있습니다. 욜로는 '인생은 한 번 뿐이다'를 뜻하는 'You Only Live Once'의 앞글자를 딴 용어로, 자신의 행복을 가장 중시하여 소비하는 행태를 말합니다. 예를 들어, 수십 년에 걸친 내 집 마련보다 월세에 거주하면서 내가 타고 싶은 차를 소유한다거나 적금보다 매달 혹은 매년 세계 여행을 통해 즐기고, 추억을 만드는 삶의 방식을 더 선호하는 세대인 것입니다.

휘게는 덴마크에서 주로 사용되는 단어로, 일상생활 속의 소소한 즐거움이나 가까운 친구 혹은 가족들과 소박하게 즐기는 여유로운 시간을 말합니다. 예를 들어, 야구 중계를 시청하며 치맥(치킨+맥주)을 즐긴다거나 향이 좋은 초를 켜고 커피를 마시면서 여유로운 저녁시간을 혼자 보내는 생활 방식을 말합니다.

물가는 오르고, 월급은 제자리

취업은 안 되고, 생활은 갈수록 궁핍

시간은 없는데, 여유는 사치

어쩌면 그들에게 이와 같은 신조어는 가성비 높은 삶의 방식을 대변하는 고급스러운 문패 역할을 하는 것은 아닌가 생각합니다.

T/E/S/T

다음 중 공유 기업에 해당하지 <u>않는</u> 기업은?

① 샤오미(Xiomi)

② 우버(Uber)

③ 에어비앤비(Airbnb)

④ 리프트(Lyft)

⑤ 집카(Zipcar)

◎ **정답 및 해설**

- 샤오미: 통신 기기 및 소프트웨어 업체
- 우버: 세계 최대 자동차 공유 서비스 기업
- 에어비앤비: 세계 최대 숙박 공유 서비스 기업
- 리프트: 미국 2위 자동차 공유 서비스 기업
- 집카: 미국의 차량 공유 전문 업체

정답 ①

나쁜 공기 삽니다

· 키워드 ·

미세먼지, 공기 정화, 테슬라 생물 무기 방어 모드

딸아이가 3살 때까지는 유모차를 자주 애용했습니다. 낮잠이나 밤잠을 재울 때 유모차에 태워 아파트를 한 바퀴 돌면 곤히 잠들곤 했으니까요. 날씨가 더울 때는 쿨매트를 깔아주고, 추울 때는 발가락까지 이불을 덮고 유모차 커버를 씌워 재우곤 했습니다. 그런데 언제부턴가 날씨와 상관없이 낮잠, 밤잠과 상관없이 외출하는 것 자체가 불편해지기 시작했습니다. 미세먼지, 아니 그냥 나쁜 공기 때문입니다. 집에서는 모든 창문을 닫아야 했고, 하루 종일 공기 청정기를 작동시켜야만 했습니다. 베란다 빨래 건조대에 걸린 빨래는 미세먼지라도 묻을까 창문을 닫아야 했지만, 덜 마른 빨래의 나쁜 냄새가 나쁜 공기만큼이나 불쾌감을 안겼습니다. 눈에 보이지 않는 나쁜 공기 때문에 비염이 심해지는 것 같았고, 눈도 따가운 것 같았습니다. 이번에는 나쁜 공기가 주는 몇 가지 변화에 관해 살펴볼까 합니다.

유모차 DIY 공기 청정기

어른들은 미세먼지 마스크를 착용한다지만, 아이들은 그마저도 불편해합니다. 아무리 어르고 달래도 뛰어놀다 보면 마스크가 불편해지기 마련이니까요. 문제는 유모차에 태운 4세 미만의 아이들입니다. 집에서는 공기 청정기가 대신한다지만, 커버 씌운 유모차 내의 나쁜 공기를 어떻게 정화해야 하는지 고민인 것이지요. 휴대용 소형 공기 청정기가 쇼핑몰에서 다양한 크기와 디자인, 편의성을 장착해 판매되고 있는 걸 보면, 그런 고민을 하는 사람이 많은 모양입니다. 문제는 깐깐한 맘들의 마음을 사로잡기에는 부족했던 것 같습니다. 요즘 맘들이 유모차용 공기 청정기를 직접 만들기 시작했기 때문입니다. 준비물은 휴대용 클립형 선풍기와 자동차용 에어컨 필터 그리고 이 둘을 묶어줄 케이블 타이가 전부입니다. 대략 1만 5,000원~3만 원의 비용이면 DIY 유모차용 공기 청정기를 만들 수 있습니다. 물론 멋진 디자인을 기대하기는 어렵지만, 필터에 선명하게 보이는 정화된 나쁜 공기 효과 때문에 오히려 깐깐한 맘들의 관심을 불러일으킨 것은 아닌지 생각해봅니다.

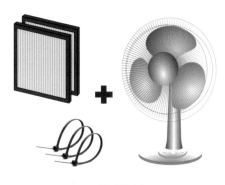

∧ DIY 공기청정기

중국 반려견 전용 미세먼지 마스크

'스모그 적색경보'

중국은 한국보다 나쁜 공기가 심각합니다. 직접 경험해보지는 못했지만, '스모그 적색경보'까지 발령하는 걸 보면 질이 나쁜 공기임에는 틀림없는 듯합니다. 특히, 겨울철이 되면 경보를 발령하는 횟수가 많아진다고 합니다. 난방을 많이 하기 때문이지요. 당연히 외출을 삼가라 하고, 손발을 깨끗이 씻으라 하고, 외출 시에는 반드시 마스크와 보안경을 착용하라고 합니다.

경보 발령이 꼭 사람에게만 해당하는 것은 아닌 것 같습니다. 나쁜 공기는 반려견에도 영향을 미칩니다. 일부 견주는 경보가 발령되면 헬스장을 찾는다고 합니다. 반려견과 산책하기가 어렵기 때문이지요. 사람이 드문 시간대에 반려견과 헬스장에 들어가 30분씩 러닝머신을 달리며 산책을 대신한다고 합니다. 미세먼지 저항력을 높여주는 특별한 사료를 먹이고, 반려견 전용 미세먼지 마스크까지 챙깁니다. 웨이보(중국판 트위터)에 10만 명 이상의 팔로우를 보유한 시베리안 허스키의 견주 '예 라오 뒤' 이야기입니다. 또 다른 스타인 프렌치 불도그 '튀튀'는 지난 겨울, 폐렴으로 일주일간 병원에 입원했다고 합니다. 나쁜 공기가 원인인지 확인할 수는 없지만, 견주를 포함한 대다수의 사람들은 나쁜 공기 때문이라 생각하는 것 같습니다.

출처: 로이터 통신(Liu Chang)

∧ 중국 미세먼지 경보 발령

테슬라, 생물 무기 방어 모드

나쁜 공기를 넘어 사람의 생명까지 위협한다면 어떨까요? 사실, 마스크와 공기 청정기 이상의 무언가를 생각해본 적은 없습니다. 테슬라는 그 이상의 무언가를 오래전부터 준비해 왔습니다. 바로 테슬라에 장착된 '생물 무기 방어 모드(Bioweapon Defense Mode)'가 그것입니다. 실제로 2분 만에 차 안의 초미세먼지(PM2.5) 농도를 900μg/㎥에서 0μg/㎥ 수준으로 급격히 떨어뜨린 결과를 공개하기도 했습니다. 이 실험을 위해 자사에서 개발한 SUV 차량 '모델 X'를 대형 투명 비닐하우스에 밀봉해 초미세먼지 농도 1000μg/㎥의 나쁜 공기를 주입했습니다. 사실 이 정도의 농도는 미국 환경보호청(EPA)의 공기 질 '좋음' 기준인 12μg/㎥ 8300% 초과하는, 그야말로 생명까지 위협하는 수준으로 볼 수 있습니다. 그렇기 때문에 이 정도 수준의 공기 정화 시스템이라면, 외부에서 차량으로 유입되는 '스모그 적색경보' 기준 300μg/㎥ 수준의 나쁜 공기는 순식간에 정화할 수 있을 것으로 보입니다.

그렇기 때문에 테슬라는 중국 도심에서 주행해야 더 어울리는 자동차라고 할 수 있습니다. 탄소 배출이 없는 전기 자동차이면서 고성능의 공기 정화 시스템, 게다가 자율 주행이 가능한 '오토파일럿' 기능으로 심각한 교통 정체로 인한 피로감까지 덜어주는 그야말로 중국 환경에 최적화된 이동 수단으로 보입니다.

⌃ 테슬라 생물 무기 방어 모드

나쁜 공기 비즈니스

'소리 없이 구석구석 알아서 청소하는 로봇 청소기'

'선풍기와 공기 청정 기능이 동시에 가능한 공기 청정 선풍기'

'전력 소비가 많은 열로 건조하지 않고 저온으로 습기만 빨아들여 빨래를 건조하는 저온 제습 빨래 건조기'

'청정 지역 맑은 공기만을 캔에 담아 자판기로 판매하는 산소 캔'

소비자는 맑은 공기를 얻기 위해 비용을 지불하고, 기업은 맑은 공기를 제공하기 위해 나쁜 공기를 이용합니다. 청정 지역의 맑은 공기만 제공하면 된다고 생각될지 모르지만, 맑은 공기를 수집하고 포장하고 운반하고 다 쓴 캔을 처리하는 과정에서 그만큼의 나쁜 공기가 생성됩니다. 글로벌 기업들이 데이터를 수집하고 분석해 새로운 부가 가치를 창출하듯, 나쁜 공기를 수집하고 분석해 빅데이터에 버금가는 새로운 부가 가치를 창출할 것이라 생각합니다.

지금, 나쁜 공기를 사려고 하는 기업들이 누구인지, 어디인지 꾸준히 관심을 가져야 할 때입니다.

2016년 10월, 가천대 길병원은 암 치료를 위해 국내 최초로 인공지능을 도입했다. 이 인공지능의 이름은 무엇일까?

① 구글 '어시스턴트'

② 아마존 '알렉사'

③ MS '코타나'

④ IBM '왓슨'

⑤ 애플 '시리'

◎ 정답 및 해설

- 가천대 길병원은 '왓슨 포 온콜로지(Watson for Oncology, 이하 왓슨)'로 명명된 클라우드 기반의 인공지능 컴퓨터 서비스를 암 치료에 활용한다. 왓슨은 300개 이상의 의학 학술지와 200개 이상의 의학 교과서 등 1,500만 페이지에 달하는 의료 정보를 학습했다.

정답 ④

아마추어는 금을 캐고,
프로는 비트코인을 캐고, 부자는?

/

· 키워드 ·

암호화폐, 비트코인, 이더리움, 블록체인, CPU/GPU, FANG

"꽃삽으로 흙을 퍼서 접시에 담아 잔잔한 물에 천천히 흔들어 주면, 흙과 모래는 흘러가고 사금만 남길 수 있어요. 금이 흙, 모래보다 무겁거든요. 아주 작은 사금은 매우 신중하고 조심스럽게 다뤄야 해요. 그걸 패닝 기술이라 하고, 담는 접시를 패닝 접시라고 해요."

"비트코인말고 이더리움을 채굴하실 거면 엔비디아 지포스 GTX1060 그래픽카드를 6개 정도 탑재해야 하는데, 1대당 400만 원 정도라고 생각하시면 돼요. 1~2대 가지고 채굴하기에는 생각하는 것만큼 수익을 얻기 어려울 수 있고요, 일반 가정에서 돌리면 전기료 폭탄을 맞을 수도 있으니 반드시 상업용 전기를 사용하셔야 해요."

보통은 금을 채굴한다고 합니다. 위에서 언급한 두 내용 역시 채굴을 위한 장비와 방법을 이야기하고 있습니다. 첫 번째는 금을 채굴하는 것이고, 두 번째는 암호화폐인 비트코인과 이더리움을 채굴하는 것입니다. 차이가 있다면, 채굴한 금은 주머니에 담을 수 있지만, 채굴한 암호화폐는 주머니에 담을 수 없습니다. 주머니에 담긴 금은 이동 중 도난당할 위험이 높지만, 암호화폐는 블록체인에 연결만 하면 도난당할 위험이 낮습니다.

블록체인에 연결하기 위해서는 꽤 오랜 시간이 필요합니다. 블록체인은 정보 분산 기술 중 하나로, 데이터를 블록 단위로 나눠 저장하고, 이를 다시 연결하여 하나의 데이터로 만드는 것을 말합니다. 다시 말해, 암호화폐 거래에 참여하는 사용자 모두에게 거래 내역을 보여주고, 거래가 진행될 때마다 이를 대조해 데이터의 위조를 막는 방식이지요. 우리나라에서는 '공공 거래 장부' 또는 '분산 거래 장부'라 불리기도 합니다.

금 채굴에는 사람이 필요하지만 암호화폐 채굴에는 GPU (Graphics Processing Unit: 그래픽 처리를 위한 고성능 처리 장치)라는 일꾼이 필요합니다. CPU(Central Processing Unit: 컴퓨터의 두뇌 역할을 하는 중앙 처리 장치)가 아닌 GPU를 사용하는 이유는 CPU의 경우 빠르게 일하는 일꾼 1명이 빠른 속도로 100번을 반복하지만, GPU의 경우 100명의 일꾼이 딱 한 번에 일을 끝내기 때문입니다. 그래서 암호화폐 채굴에는 짧은 시간, 한꺼번에 많은 양의 계산을 처리할 수 있는 GPU가 사용됩니다.

▲ 암호화폐 채굴에 사용되는 그래픽카드(GPU)

채굴된 암호화폐는 전용 거래소에서 거래되고, 주식처럼 시세가 형성됩니다. 비싼 값에 거래하기 위해 직접 채굴에 나서는 이들이 많아지면서 채굴에 필요한 일꾼들을 채용하기 위해 GPU를 찾는 이들이 많아졌습니다. 암호화폐 시세보다 GPU의 몸값이 더 많이 치솟는 기현상이 일어나기도 했습니다. 미리 알았더라면, 암호화폐 채굴보다 대량의 GPU 사전 구매가 더 나았을지 모릅니다.

암호화폐 채굴 붐이 일고 한참이 지나서야 시세는 점차 떨어지기 시작했고, 고용됐던 GPU 일꾼들은 이미 체력이 다한 중고 매물이 되어서야 암호화폐 채굴장을 벗어날 수 있었습니다.

데이터 채굴

패닝 기술이나 GPU가 아니라 최첨단 기술과 인력, 천문학적인 비용으로 암호화폐가 아닌 데이터를 캐는 이들이 있습니다. 대표적인 예로는 일명 'FANG'이라 불리는 페이스북, 아마존, 넷플릭스, 구글을 들 수 있습니다. 이들의 공통된 특징이 있다면 무상 서비스를 제공하고 대량의 데이터를 캐낸 후 딥러닝 기술로 가공하여 고부가 가치의 무언가를 만들어낸다는 점입니다.

∧ 페이스북−아마존−넷플릭스−구글

세계 최대 소셜 네트워크 서비스 기업인 페이스북은 NBA 영상을 즐겨보는 필자의 관심 데이터를 수집·분석한 다음, 이후 관련 영상의 노출 비중을 높여 오랫동안 페이스북에 머물도록 합니다.

일단, 오랜 시간 머물러야 광고 노출의 비중이 높아지고, 광고 노출 비중이 높아져야 수익도 많아지니까요.

세계 최대 전자 상거래 기업인 아마존은 베르나르 베르베르의 『개미』라는 책을 찾는 사용자에게 최신작인 『잠』이라는 책도 함께 노출해 추천하는 방식의 알고리즘을 개발하여 매출의 절반 이상을 추천 알고리즘에서 발생시키고 있습니다. 또 자주 구매하는 사용자의 데이터를 기계에 학습시켜 재구매 시기를 예측함으로써 주문 전, 가까운 물류 센터에 미리 주문할 것으로 예상되는 상품을 준비시켜 빠르게 배달하는 예측 운송 시스템까지 활용하고 있습니다.

세계 최대 유료 동영상 스트리밍 서비스 기업 넷플릭스는 어떨까요? DVD 대여업으로 시작해 각종 스마트 기기에 고화질의 동영상 스트리밍 서비스를 제공하는 기업으로 성장한 넷플릭스는 초창기부터 사용자들의 영화 취향을 데이터로 수집하여 그들만의 오리지널 콘텐츠(자체 제작)를 개발하는 데 활용하고 있습니다.

일례로 넷플릭스가 자체 제작한 드라마 '하우스 오브 카드'는 수집된 데이터를 분석한 후, 시청자들이 가장 선호하는 장르, 출연자, 감독 등을 섭외하여 크게 히트시키기도 했습니다. 그뿐만 아니라 시청자 개개인의 취향을 철저히 파악해 다음에 볼 작품을 추천하는 그들만의 알고리즘을 개발하여 넷플릭스의 서비스를 지속적으로 이용하도록 했습니다.

특히, 넷플릭스가 제공하는 가장 매력적인 서비스는 '빈지뷰잉(Binge-Viewing)'입니다. 쉽게 말해, 모든 에피소드를 한꺼번에 공개하는 것이지요. 우리가 시청하는 드라마가 한 주에 2회 정도 방영하면서 다음 주 예고편으로 기대감을 끌어올리는 것과 달리 20회면 20회, 30회면 30회 모든 시리즈를 한꺼번에 공개합니다. 사용자는 매달 일정 금액만 지불하면 넷플릭스가 제공하는 모든 콘텐츠를 즐길 수 있습니다.

구글의 경우, 유튜브에 대한 이야기를 언급하는 것이 더 쉬울 듯합니다. 사용자가 시청한 동영상과 유사한 성격의 동영상을 지속적으로 추천하면서 유튜브에 오랫동안 머물도록 합니다. 오랫동안 머물러야 광고를 노출시켜 수익을 극대화할 수 있으니까요.

업계 최고를 자랑하는 이들 기업의 공통점은 어떻게든 많은 데이터를 사용자들로 하여금 캐내어 그들만의 방식으로 가공한다는 점입니다. 결국, 데이터를 모르는 사람은 어딘가에 있을 금을 찾아 헤매고, 어설프게 데이터를 사용하는 벼락부자를 꿈꾸며 무작정 GPU만 찾아 헤매고, 데이터를 사용할 줄 아는 사람은 더 큰 부자가 될 것입니다.

데이터는 사람의 행동, 말, 생각, 패턴에서 비롯됩니다. 매 순간 만나는 사람들의 관심사가 당신의 미래를 여유롭게 만들어주는 데이터가 될 수 있습니다. 데이터를 잘 다루는 부자의 마인드가 필요한 때입니다.

아마추어는 금을 캐고,
프로는 비트코인을 캐고,
부자는 데이터를 캔다.

T/E/S/T

구글은 전 세계를 작동시키기 위한 시스템을 추구하는 기업이다. 그렇다면, 다음 중 구글이 추진하고 있는 프로젝트에 해당하지 <u>않는</u> 것은 무엇일까?

① 우주 엘리베이터

② 양자 컴퓨터

③ 무인 자동차

④ 혈당 측정 콘택트렌즈

⑤ 의류 스트리밍 서비스

◎ 정답 및 해설

• 의류 스트리밍 서비스는 일명, 패션계의 넷플릭스로 불리는 미국의 '렌트 더 런웨이(Rent the runway)' 기업이 제공하는 서비스다. 월 139달러를 내면 원하는 의류, 보석, 가방, 구두 등을 임대할 수 있다.

정답 ⑤

질문은 구글, 주문은 아마존,
소문은 페이스북, 한국은?

· 키워드 ·

아이폰 효과, 인스타그램 · 해시태그, TGIF – FANG – AAAF

궁금하면 검색부터 합니다.

질문해도 검색부터 합니다.

필요하면 검색합니다.

마음에 들면 주문합니다.

좋은 건 공유합니다.

공유가 많아지면 소문이 납니다.

2017년 3월 기준, 세계 주요 50개국의 스마트폰 보급률은 70%에 육박합니다. 그중 한국의 스마트폰 보급률은 91%에 달합니다. 게다가 하루 평균 사용 시간은 3시간 이상이고, 이 중 동영상 시청과 음악을 듣기 위해 소비하는 시간은 1시간 이상입니다. PC·노트북을 사용하는 시간보다 스마트폰을 사용하는 시간이 더 많아졌습니다. 무료 와이파이존이 많아지고, 데이터 전송 속도도 빨라지고, 게다가 스마트폰 사양까지 좋아져 고화질의 이미지와 동영상을 버퍼링 없이 즐길 수 있게 되었습니다.

대부분의 스마트폰 사용자는 질문하고, 검색하고, 주문하고, 결제하고, 공유하면서 여기저기 소문을 냅니다. 미국의 경우, 질문·검색은 구글, 주문은 아마존, 소문은 페이스북·인스타그램을 사용하지만, 한국은 질문·검색, 주문·결제, 소문 모두 네이버를 사용하는 경우가 많습니다. 사실상 하루가 네이버로 시작해 네이버로 끝난다고 볼 수 있습니다.

현재 네이버는 국내 기업 시가 총액 순위 3위(2020.7 기준)를 차지하고 있고, 애플·아마존·구글·페이스북은 글로벌 인터넷 기업 시가 총액 순위 1, 2, 3, 4위를 차지하고 있습니다. 이들 기업의 공통점을 하나 꼽자면, 스마트폰의 사용이 증가하면서 이들 기업의 가치도 함께 증가했다는 것입니다. 스마트폰의 시작이 아이폰이었다면, 스마트한 삶의 시작은 구글, 아마존, 페이스북, 인스타그램, 네이버가 아닐까 생각합니다.

아이폰 효과

MP3, PMP(Portable Multimedia Player: 음악, 동영상, 디지털카메라 기능까지 모두 갖춘 휴대용 멀티미디어 재생 장치), 전자사전, 다이어리, 지갑, 보조 배터리, 기타 등…. 2007년 아이폰이 탄생하기 전까지 핸드백과 가방에 주로 담겨 있던 물품들입니다. 10년이 지난 지금, 핸드백과 가방에는 아이폰 하나만 담겨 있습니다. 사실 핸드백과 가방조차도 필요 없습니다. 사라진 물품들이 많아지면서 파산한 기업들도 늘었지만, 시장 규모는 오히려 확대됐습니다. 장소와 시간에 구애받지 않고, 보고, 듣고 즐길 수 있는 콘텐츠가 많아지고 숨어 있던 맛집, 물품, 기기들이 공유되면서 오히려 존재하지 않던 직업군까지 새로 생겨났습니다.

어쩌면 21세기, 아니 4차 산업혁명은 아이폰에서 비롯되었다고 해도 과언이 아닐 것입니다. 검색과 주문 그리고 소문에 필요한 앱들이 글로벌 인터넷 기업 순위 2, 3, 4위에 자리하고 있지만, 이와 같은 앱을 작동하기 위해서는 글로벌 1위 기업인 애플의 아이폰이 있어야 가능합니다. 특히, 사진 공유 중심의 소셜 미디어 플랫폼인 인스타그램(2012년 4월 페이스북에 인수)의 급성장에는 2010년 6월에 출시된 아이폰4의 역할이 컸습니다. 후면에만 탑재되었던 카메라가 아이폰 최초로 전면에까지 추가 탑재되면서 전면 촬영을 통해 자신의 모습을 직접 보면서 촬영할 수 있게 된 것이지요. '셀카(셀프 카메라)'와 같은 신조어도 이때쯤 생겨났습니다. 촬영 방법이 쉬워지니 촬영된 사진이 증가하고, 쉽게 촬영한 사진을 인스타그램을 통해 쉽게 공유할 수 있게 되어 별도의 부연 설명 없이도 쉽게 소통할 수 있게 되었습니다. 더욱이 2011년 도입된 '해시태그' 기능 또한 성장의 큰 역할을 담당했습니다. 사진을 올릴 때, '#(해시 기호)' 뒤에 특정 키워드를 입력해 다른 사람이 해당 키워드를 통해 쉽게 원하는 사진을 찾아볼 수 있도록 한 것입니다. 페이스북 창업자인 마크 저커버그는 대부분의 이사진이 반대한 인스타그램을 약 10억 달러에 사들여 8년 정도가 지난 지금 수십억 달러의 직·간접 효과를 이끌어냈습니다.

아이폰 탄생 이후 미국 시가 총액 순위 상위권에 랭크된 대표 IT 기업들은 'TGIF'였습니다. 이는 트위터-구글-아이폰(애플)-페이스북의 이니셜을 말합니다. 특히, 트위터는 당시의 데이터 전송 속도가 지금처럼 빠르지 않았기 때문에 텍스트 140자 위주의 소셜 네트워크 서비스인 트위터가 성공 가도를 달릴 수 있었습니다. 사진이나 동영상의 경우, 버퍼링 때문에 텍스트보다 공유 속도가

늦었지만, 이후 데이터 전송 속도가 빨라지면서 변화가 일어났습니다. 트위터가 하락세를 보이면서 그 자리에 넷플릭스가 새롭게 자리하게 된 것입니다. 이름하여 'FANG' 기업이 완성됩니다. 버퍼링이 사라지고, 고해상도의 이미지와 동영상 시청이 수월해진 것이 주효했다고 볼 수 있습니다. 2017년 들어서는 다시 'AAAF'순으로 굳어지는 모양새를 띠고 있습니다. 애플－알파벳(구글 지주사)－아마존－페이스북 등 제목에서 언급했듯이, '검색－주문－소문'에 특화된 기업들이 글로벌 IT, 나아가 4차 산업혁명의 비즈니스 트렌드를 이끌고 있습니다.

강한 기업은 변화를 이끌어내거나 변화에 잘 적응하는 기업이고, 강한 사람은 변화에 민첩하게 대응하거나 리드하는 사람입니다. 그 변화가 궁금하다면 'TGIF－FANG－AAAF' 그리고 'M(마이크로소프트)'과 같은 기업에 관심을 가져야 합니다. 국내 기업 환경과 글로벌 기업 환경의 차이는 분명 있겠지만, 빠르게 변화하는 기술적·문화적 트렌드에 발맞춰 움직이지 않는다면, 제2의 코닥과 노키아가 될 수 있다는 사실을 절대 잊어서는 안 될 것입니다.

∧TGIF－FANG－AAAF

다음 중 전기 자동차 전문 기업 테슬라에서 생산한 '모델 S'의 특징이 아닌 것은 무엇일까?

① 자율 주행 기능

② 소프트웨어 업그레이드로 속도 향상

③ 평생 데이터 무료

④ 짧은 엔진 오일 교환 주기

⑤ 사라진 시동 버튼

🎯 **정답 및 해설**

- 전기 자동차는 엔진이 아닌 전기 모터로 움직이기 때문에 엔진 자체가 없다. 그렇기 때문에 엔진 오일을 정기적으로 교환할 필요가 없고, 사라진 엔진의 공간 만큼 실용적인 공간 활용이 가능하다. 워셔액만 보충해 주면 된다.

정답 ④

말로 검색하고,
눈으로 소통한다

/

· 키워드 ·

인공지능 시리, 음성 검색, 이미지 검색

필자는 현재 아이폰X를 사용 중입니다. 방수·방진 기능, 넉넉한 5.8인치 사이즈, 고사양의 빠른 반응 속도와 아이폰만의 사용자 환경이 기기 변경을 어렵게 합니다. 바닷가에서 가족들과 물놀이를 즐길 때는 아이폰 하나만 들고 들어가 사진과 동영상을 물속에서 촬영합니다. 고프로 방수 촬영과 방수용 커버를 씌우고 촬영하는 다른 사용자들 사이에서 단연 돋보이는 촬영 방식이라고나 할까요. 사실 이 맛에 괜히 물속에서 촬영하곤 합니다. 특히, 듀얼 카메라로 촬영하는 '인물 사진' 모드는 매우 매력적입니다. 어린이집에 다니는 딸과 매일 4시간 이상 어울리는 필자는 인물 사진 모드로 딸을 자주 촬영하곤 합니다. 잠금 화면을 장식하는 메인 사진이 인물 사진 모드일 때가 많습니다. 5.8인치 사이즈는 휴대하기에 다소 불편한 것이 사실입니다. 하지만 가상현실을 자주 체험해 보고 싶어 큰 사이즈를 사용 중입니다.

그래도 아이폰X를 선택한 가장 큰 이유는 빠른 반응 속도 때문입니다. 인공지능 비서 '시리'를 자주 사용하는 필자에게 빠른 반응 속도는 필수이기 때문입니다. 특히, 운전 중 핸들에서 손을 뗄 필요 없이 스피커폰으로 통화를 한다거나 문자를 보낸다거나 캘린더에 새로운 일정을 등록할 때 매우 유용하게 사용합니다. 뒷좌석 카시트에 딸아이가 있을 때는 더 적극적으로 사용합니다. 시리에게 자주 하는 질문은 이렇습니다.

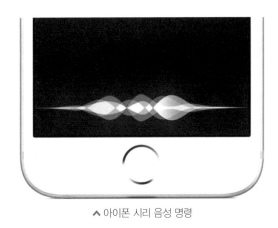

출처: giga.de

⌃ 아이폰 시리 음성 명령

"시리야, 배고픈데 뭐 먹지?"라고 물으면, 시리는 이렇게 대답합니다.

"가공 처리되지 않은 음식이 최고죠. 집에서 직접 처리하신 음식은 빼고요." 혹은 "녹황색 채소를 많이 드세요."라고 대답합니다.

다시, "시리야, 사랑해." 라고 말하면,

"아, 그래서 저를 그렇게 지긋이 바라보셨군요. 어쩐지 심상치 않았어요."라고 대답합니다.

그리고 회사에서 근무 중인 와이프에게 문자를 보내기도 합니다.

"시리야, 와이프에게 '우리 딸이 너무너무 보고 싶대.'라고 문자 보내줘."라고 말하면,

"요청하신 문자를 전송했습니다."라고 대답합니다.

곧이어 와이프가 보낸 답장이 오면, 방금 도착한 문자를 읽어 달라고 시리에게 명령합니다. 엄마의 답장을 시리의 음성으로 딸 아이가 듣게 하기 위해서입니다. 운전석에서 시리에게 이것저것 질문하고, 명령하는 아빠의 모습을 지켜본 딸아이는 이내 본인도 명령을 시도합니다.

"시리야!" 반응이 없자 다시,

"시리야!" 역시나 반응이 없습니다. 다시,

"시리야! 엄마에게 전화해줘!" 반응하지 않습니다. 하지만 글을 모르는 딸아이가 시리를 통해 원하는 무언가를 얻어낼 수 있도록 시도했다는 것 자체만으로도 큰 의미가 있다고 생각합니다. 사실, 필자가 시리에게 자주 명령을 했던 이유는 딸아이가 시리와 미리 친숙해지길 바라는 마음 때문이었습니다. 아빠가 그런 모습을 자주 보이면 자연스레 친숙해질 거라 생각했던 것이지요. 딸아이의 눈높이에서 어떤 명령 혹은 질문이 적합할까 미리 테스트할 때가

있는데, 그렇게 찾아낸 명령어는 다음과 같습니다.

"시리야, 유튜브에서 '시크릿 쥬쥬' 검색해줘."

"시리야, 유튜브에서 '콩순이' 검색해줘."

"시리야, 유튜브에서 '트와이스 시그널' 검색해줘."

"시리야, 구글에서 '시크릿 쥬쥬' 이미지 검색해줘."

일단 딸아이가 좋아하는 캐릭터의 키워드를 사용해야 했고, 모르는 글 대신 이미지와 동영상 위주의 결과물을 보여주려다 보니 유튜브와 구글에 집중될 수밖에 없었습니다.

간편·빠름·저렴

그렇습니다. 딸아이가 살아갈 세상은 분명 지금과 많이 다를 것이라는 사실을 우리는 알고 있습니다. 일단 텍스트가 아닌 음성으로 검색하는 빈도가 늘어날 것입니다. 인간이 1분간 입력할 수 있는 단어 수가 텍스트의 경우 40개인 반면, 음성은 150개이고, 정확도는 95% 이상이라는 점을 감안할 때 딸아이가 글을 깨우치는 나이가 되면 그 수치가 분명 더 늘어날 것이라는 추측 정도는 누구나 할 수 있을 것입니다.

음성 검색과 함께 이미지 검색에 대한 변화에도 민감하게 대처해야 할 필요가 있습니다. 이미지 검색은 음성 검색과 달리 곧바로 구매까지 이어질 가능성이 높기 때문입니다.

텍스트 입력
1분
40개

음성 입력
1분
150개

ᴧ 텍스트 입력과 음성 입력 비교

　차이는 이렇습니다. 얼마 남지 않은 기저귀를 보고, 같은 종류의 기저귀를 재구매하기 위해 쇼핑 앱을 열어 제품명을 검색하고, 선택 후 결제까지 총 4~5단계를 거쳐야 한다면, 이미지 검색은 곧

바로 카메라를 열어 제품을 찍고, 선택 후 결제까지 총 3단계만을 거치면 됩니다. 카카오뱅크와 토스 앱에 많은 사용자가 가입하는 이유 역시 간편 결제와 같은 편리성 때문일 것입니다.

아마존이 개발한 음성 인식 인공지능 스피커인 '에코'와 모니터가 결합한 '에코 쇼'가 대표적인 사례입니다. 여러 개의 마이크가 장착된 '에코'가 음성 명령을 인식해 스피커로 답변하고, 주문·결제까지 가능하게 합니다. '에코 쇼' 역시 음성 명령을 인식하고 화상 통화와 영상, 이미지로 답변하며 주문·결제를 가능하게 합니다. 검색과 소통이 텍스트 입력에서 음성, 이미지, 동영상으로까지 이동, 확대되면서 시장 규모는 더욱 확대되고 있습니다.

출처: amazon.com

⌃ 아마존 에코(왼쪽), 아마존 에코 쇼(오른쪽)

결국, 기술이 우리에게 주는 세 가지 키워드는 '간편', '빠름', '저렴' 정도로 정리할 수 있습니다. 이와 반대인 키워드가 '복잡',

'느림', '비싼'이라면, 3단계 사용자에게 4단계는 복잡하게 느껴질 것이고, 동영상 검색에 1~2초의 버퍼링은 '느림'이 될 것이고, 온라인 비교 검색에서의 100원 차이는 '비싼 가격'으로 비춰질 것입니다. 기술 개발이 빠르게 이루어지는 것은 빠르게 적응하고, 늘 새로운 무언가를 희망하는 인간의 욕구가 맞물려 있기 때문이라 생각합니다. 지금껏 살아온 날보다 살아갈 날이 더 많다면, 기술이 주는 세 가지 키워드와 음성 검색, 이미지, 동영상 검색에 익숙한 누군가가 되었으면 합니다.

T/E/S/T

다음 중 인공지능의 성능을 결정짓는 4대 핵심 기술 요소에 포함되지 않는 것은?

① 데이터

② 알고리즘

③ 컴퓨팅 파워

④ 사물 인터넷

⑤ 딥러닝

◎ 정답 및 해설

• 사물 인터넷은 인터넷을 기반으로 모든 사물을 연결하여 사람과 사물, 사물과 사물 간의 정보를 상호 소통하는 지능형 기술 및 서비스를 말한다.

정답 ④

9

기술, 스마트폰 코스프레

/

· 키워드 ·

전기 에너지, 데이터 에너지, 데이터 수집·분석 기술

참으로 아이러니한 세상입니다.

오래전 장부에 거래 내역을 기록하던 경리 담당자의 업무가 엑셀 프로그램 덕분에 무척 수월해졌지만, 업무량은 줄지 않고 오히려 늘어났습니다. 두꺼운 영어 사전 대신 전자사전으로 쉽고 빠르게 영어 단어를 찾을 수 있게 되었지만, 영어 실력은 제자리이고, 농구를 잘하고 싶어 농구 황제 마이클 조던의 농구화를 비싼 돈을 주고 구매했지만, 슛은 림에 닿지도 않고 허공을 떠돕니다. 가방이 무거워 구식 노트북 대신 고가의 초슬림 노트북을 구매했지만, 화장실이라도 가려고 하면 누가 훔쳐가지는 않을까 노심초사하고, 수시로 깜빡거리는 카톡 메신저에 답변하느라 초슬림의 기술력이 무색해집니다. 아이돌 가수 콘서트의 맨 앞자리를 차지하기 위해

잠을 줄여가며 어렵게 확보했지만, 눈앞에 아이돌 가수 오빠를 두고도 (촬영하느라) 대화면 스마트폰으로 콘서트를 즐깁니다. "휴대폰이 통화만 잘되면 되지 100만 원이 넘는 스마트폰이 왜 필요해?"라고 이야기하면서도 음성 통화량보다 데이터 사용량이 월등히 많고, 월등히 좋아진 통화 품질이 무색할 만큼 정작 소통은 메시지와 이모티콘, 사진, 동영상으로 대신합니다. 참으로 아이러니한 세상입니다.

기술의 발달이 아이러니한 세상을 만드는 것은 아닙니다. 엘리베이터를 기다리며 음악을 듣거나 정보를 얻을 수 있게 되었고, 화장실 변기에 앉아서도 음악을 들으며 정보를 얻을 수 있게 되었습니다. 신호를 기다리고, 지하철을 기다리고, 버스를 기다리고, 주문한 커피나 음식을 기다리는 등 과거에는 버려졌던 기다림의 시간이 소통에 쓰이고, 무형의 무언가를 얻는 데 사용되고 있습니다. 무형의 무언가가 얻어지는 동안 사용자는 광고에 노출되고, 광고는 수익을 발생시키고, 수익은 비즈니스의 근본이 되는 선순환이 이루어졌습니다.

기술은 그렇게 스마트폰 코스프레를 하면서 우리 삶에 파고들었습니다. 스마트폰 하루 사용 시간은 이미 TV 시청 시간을 넘어섰고, 이는 게임과 동영상, 검색, 음악, 라이브 스트리밍 등 다양한 유·무료 콘텐츠의 사용으로 이어졌습니다. 모든 주문이 모바일로 가능해졌고, 결제 역시 모바일 페이로 대체되었습니다. 택시보다 저렴하고 친절한 서비스로 무장한 공유 차량과 공유 자전거, 공유 숙박에 이르기까지 기술은 산업의 파이를 키우고, 삶을 더욱 윤택하게 만들었습니다.

출처: Pixabay

▲ 기술, 스마트폰 코스프레

효율적인 업무에 엑셀, 워드, 파워포인트, 아웃룩, 엑세스, 기타 등 많은 소프트웨어가 사용되었다면, 효율적인 삶에는 데이터 소비 장치와 앱들이 사용되었습니다. 인공지능, 빅데이터, 가상현실, 증강현실, 자율 주행 자동차, 커넥티드 카, 드론, 3D프린터, 로봇 등이 이를 말해줍니다.

언제부터인가 우리 삶은 전기 에너지와 데이터 에너지를 동시에 소비하는 패턴으로 바뀌었습니다. 전기 에너지를 생산하는 기업보다 데이터 에너지를 생산하는 기업이 더 많아지고, 수집한 데이터를 분석하는 기술을 가진 기업이 글로벌 비즈니스를 선도하고 있습니다. 페이스북은 데이터를 수집하기 위해 하늘 위로 태양광 무료 와이파이 드론을 띄우고, 마이크로소프트는 바다 한가운데 세계 최초의 데이터 센터를 구축하기도 합니다.

'도구가 행동을 규정한다'라는 말이 있습니다. 기술이 스마트폰 코스프레를 하는 동안, 우리는 기술이 아닌 코스프레에만 치중하지 않았나 하는 생각을 해봅니다. 도구로 규정된 행동은 결국 문화를 만들어 갑니다. 지금 우리가 사용하는 도구가 무엇인지, 남과 똑같은 도구는 아닌지, 남보다 뒤처지는 도구는 아닌지 수시로 확인하면서 우리만의 행동과 문화를 만들어 나가야 할 때입니다.

새로운 기술에는 투자가 필요합니다.
오래된 기술에는 관심이 필요합니다.

반면,
새로운 생각에는 관심(호기심)이 필요합니다.
오래된 생각에는 투지가 필요합니다.

이동 통신의 속도나 규약을 이야기할 때 흔히 2G, 3G, 4G LTE라는 말을 사용한다. 여기서 알파벳 'G'가 뜻하는 것은 무엇일까?

① Generation

② Gigabyte

③ Generic

④ Google

⑤ G−cloud

◎ 정답 및 해설

• 흔히 2G는 2세대, 3G는 3세대, 4G는 4세대를 말한다. 즉, 단어의 뜻 그대로 'Generation'이다.

정답 ①

수면 테크에서는 코골이, 이갈이도 빅데이터가 된다

· 키워드 ·

사물 인터넷(IoT), 수면 데이터

필자는 종종 아내, 딸아이와 함께 가까운 호텔에서 1박을 합니다. 특별한 계획 없이 그날의 기분에 따라 곧바로 검색하고 예약을 합니다. 물놀이를 좋아하는 딸아이를 위한 키즈풀은 필수이고, 좋은 침대, 좋은 침구, 좋은 조명, 좋은 온도에서 푹 잘 수 있다는 기대감에 그 전날 밤에는 일찍 잠자리에 들곤 합니다. 호텔에서 자고 일어나면 정갈하게 차려진 조식 뷔페가 기다리고 있습니다. '세상 가장 맛있는 음식은 남이 해주는 음식'이라고 하죠? 호텔에서 맞이 하는 조식 뷔페가 이 말에 가장 어울리는 음식이 아닐까 생각합니다. 잘 놀고, 잘 자고, 잘 먹고 나면 호텔 주변을 산책합니다. 산책 후 다시 오전 물놀이를 즐기고 호텔에서의 1박을 마무리합니다.

필자에게 호텔은 그런 곳입니다. 호텔로 향하는 길은 여행 가는 기분을 갖게 하고, 익숙한 집에서 느끼지 못하는 수면의 즐거움을 온몸으로 느끼게 합니다. 30년 넘게 매일 잠을 잤지만, 아직도 제대로 잠자는 법을 깨우치지 못한 것 같은 기분이 드는 이유는 뭘까요? 그럴 때면 엄마 품에 안겨 편안하게 잠든 딸아이가 마냥 부럽기만 합니다.

엄마표 수면 테크

아이를 키우는 엄마는 오로지 아이를 위해 최적의 수면 환경을 만들어줍니다. 잠들기 전 가습기를 작동하고, 새 기저귀를 입히고, 뽀송뽀송한 이불에 눕혀 토닥토닥 자장가까지 불러줍니다. 깊이 잠든 새벽이면 밤새 축축해진 기저귀를 갈아주고, 걷어찬 이불을 가슴까지 덮어주고, 밤새 보채는 아이를 가슴에 안고 감싸주기까지 합니다. 그렇게 밤새도록 수면 상태를 체크하는 엄마는 아이의 수면 데이터를 온몸으로 체크합니다. 그렇기 때문에 정작 본인은 제대로 잠들지 못할 때가 많습니다. 만약, 엄마가 체크한 아이의 수면 데이터가 수치로 표시되어 이해하기 쉽게 전달된다면 어떨까요? 최소한 새벽에 일어나 안아주고, 업어주는 일만 줄어도 엄마의 건강한 수면에 도움이 될 텐데 말이죠.

수면 테크

엄마 대신 엄마와 같은 마음으로 수면 상태를 관리해주고, 호텔 대신 호텔과 같은 수면 환경을 제공하는 기술이 지속적으로 개발되고 있다는 사실이 필자를 더욱 기대하게 만듭니다. 먼저, 아이폰을 개발하는 애플이 엄마의 역할을 대신해줄 수 있을 것으로 보입니다. 2017년 5월 수면 추적기 제조업체 '베딧'을 인수한 애플은 필름 형태의 수면 추적기를 침대 밑에 두고 잠이 들면, 코골이부터 이갈이, 깊은 수면, 얕은 수면, 심장 박동 수 등의 수면 데이터를 수집·분석해 그래픽으로 보여줍니다. 반면, 구글은 호텔과 같은 수면 환경을 대신할 수 있을 것으로 보입니다. 알파벳의 생명과학 계열사인 '베릴리'를 통해 센서로 수면 패턴을 추적하고, 여기에서 발생하는 데이터를 수집·분석해 침실의 온·습도, 소음, 조명 등을 조절하는 연구를 꾸준히 진행 중입니다.

삼성전자는 엄마, 아빠 모두의 역할을 대신할 것으로 보입니다. 2015년 이스라엘의 사물 인터넷 헬스케어 벤처기업인 '얼리센스'에 투자하여 숙면에 도움이 되는 사물 인터넷 솔루션 '슬립센스'를 개발했습니다. 새하얀 탁구채 모양의 슬립센스를 침대 매트리스 밑에 놓아두면 맥박, 호흡, 수면 주기, 뒤척임 등과 같은 움직임을 실시간으로 분석해 건강한 수면을 위한 정보를 제공합니다. 이를 통해 스마트 기술이 적용된 매트리스나 배게, 이불, 조명, 밴드, 반지, 목걸이 등의 제품과 연동해 최적의 수면 환경을 만들어줍니다.

2017년 초 미국 라스베이거스에서 열린 'CES2017' 박람회에서는 '슬립 테크관'을 처음 선보이기도 했습니다. 그중 이노베이션 어워드를 수상한 '슬립 넘버 360'은 코 고는 것을 감지할 경우, 공기 펌프를 이용해 머리 기울기를 7도가량 올려 증세를 완화해줌니다. '크라요 슬립 퍼포먼스 시스템'이 선보인 쿨링 매트리스는 물이 채워진 매트리스를 앱을 이용해 온도를 조절합니다. 스마트폰 앱으로 제어할 수 있는 온수 매트 정도로 생각하면 이해하기 쉬울 것 같습니다. 이 밖에도 각종 소음을 차단해 조용한 수면 환경을 만들어주는 '캠프리지 사운드 매니지먼트', 앱으로 수면 시 숨 쉬는 패턴 등을 감지해 숙면을 돕는 '2브리드'와 같은 제품도 등장해 눈길을 끌었습니다. 이처럼 건강한 수면을 위한 기술 개발은 다양한 방면으로 시도되고 있지만, 결국은 수면과 관련된 데이터 수집이 최우선이라는 점을 잊어서는 안 될 것입니다.

출처: Linkedin.com

⌃ CES2017 슬립 테크관 '슬림 넘버 360'

수면 부족 코리아

이미 한국은 OECD 국가 중 가장 많이 일하고, 가장 적게 잠을

자는 나라입니다. 2016년 OECD가 발표한 통계에 따르면, 미국, 영국, 프랑스 등 서구권 국가들의 하루 평균 수면 시간이 8시간 40분 정도인 반면, 한국은 그보다 1시간 적은 7시간 41분으로 나타났습니다. 지난 5년간 불면증 치료를 받은 이는 약 200만 명에 이르고, 날이 갈수록 증가하는 추세입니다. 잦은 야근과 오랜 시간 동안의 스마트폰 사용이 불면증의 주요 원인 중 하나로 꼽히고 있습니다.

비록 '수면 부족 코리아'라는 불명예스러운 타이틀을 갖고 있지만, 어찌 보면 수면 테크 연구·개발을 위한 최적의 환경을 갖춘 곳이 한국이고, 가장 먼저 사용해볼 수 있는 곳도 한국이라는 방증이기도 합니다. 수면이 부족하면 짜증이 많아지고, 건강에도 나쁜 영향을 미칩니다. 비만과 우울, 불안, 게다가 수명이 단축되는 결과를 초래할 수도 있습니다. 수면 부족으로 발생하는 사회적 비용을 고려한다면, 수면 테크에 대한 온 국민의 관심이 필요한 때입니다.

수면 테크는 부족한 수면 시간을 늘려주는 기술이 아니라 각자에게 맞는 수면의 질을 높여주는 기술입니다. 엄마와 같이 매일 당신의 수면 패턴을 체크해주는 이가 없다면, 지금 바로 수면 관련 앱으로 수면 테크를 시도해보기 바랍니다. 당신의 수면 데이터와 모두의 수면 데이터가 공유된다면, '수면 부족 코리아'에서 '수면 만족 코리아', '잠들기 좋은 나라'라는 타이틀을 얻을 수 있지 않을까요?

이미지나 동영상과 함께 메시지를 공유하는 서비스로, 확인 후 10초 내에 사라지는 메시지 자동 삭제 기능으로 인기를 끈 SNS 앱은 무엇일까?

정답 : _____

◎ 정답 및 해설

• 제2의 페이스북으로 기대를 모으는 기업이다. 창업 5년 만에 기업을 상장하고 30조 원의 대박을 터뜨렸다.

정답 스냅챗(snapchat)

도어가 많아졌다

· 키워드 ·

스마트 냉장고, 스마트 세탁기, 기술 변화, 생활 변화

냉장고 도어가 많아졌다

'위 칸의 냉동 도어를 열어 얼린 사골 국물과 떡국 떡을 꺼낸다. 사골 국물을 적당히 해동한 후 냄비에 붓고, 딱딱하게 언 떡은 찬물에 넣어 녹인 다음, 냄비에 넣는다. 파와 계란을 넣고, 후추를 넣어 마무리하면 맛있는 떡국이 된다. 모든 식재료는 지난 설 명절때 먹다 남은 것이다. 여름이 가까워져 오고 있는 데 말이다. 아래칸 냉장 도어에서 밀폐된 김치를 꺼낸다. 이 정도면 한 끼 식사로 충분하다. 그런데 시원한 물이 없다. 위 칸 냉동 도어를 열고, 얼음을 꺼내 물컵에 담는다.' 필자가 혼자 살 때 이야기입니다.

'좌측 냉동 도어를 열어 얼린 밥을 꺼낸다. 우측 냉장 도어를 열어 반찬을 꺼낸다. 냉장 도어 앞쪽에 빈 컵을 대고 한쪽에선 얼음,

다른 한쪽에선 정수된 시원한 물을 받는다. 다시 아래 칸 김치 전용 냉장 도어를 열어 싱싱하고 아삭한 김치를 꺼낸다. 광고 전단에 그렇게 쓰여 있다. 혼자 살 땐 도어가 2개였는데, 지금은 5개로 늘었다. 냉장고 도어가 많아졌다.' 필자의 결혼 후 이야기입니다.

'갑자기 문자가 온다. 발신 번호와 글 내용이 낯설다. 우유와 달걀의 유통 기한이 얼마 남지 않았으니 빨리 먹으란다. 그렇다. 냉장고가 보내온 문자다. 빈 컵에 얼음과 물을 받던 자리에 인터넷이 가능한 디스플레이가 설치되어 있다. 이 디스플레이를 이용하면 요리에 필요한 레시피를 검색할 수 있고, 냉장고에 보관된 재료들로 조리할 수 있는 레시피를 추천해준다.' 이는 박람회장 직원의 설명입니다.

'아무리 찾아봐도 냉장고는 보이지 않는다. 가구들뿐이다. 직원이 다가와 가구로 보였던 네 번째 문짝을 여니 빌트인 냉장고가 나타난다. 요즘은 인테리어를 고려해 이렇게 나온단다. 그 대신 기능은 별로 없다.'

삼성은 오래전 부터 냉장고를 세계가전박람회와 가구박람회에서 선보여 왔습니다. 냉장고의 기능은 경쟁 업체에 금방 따라 잡히지만 디자인은 그렇지 않다는 것이지요. 또한 기능이 좋은 냉장고보다 디자인이 좋은 냉장고의 가격을 더 높게 책정할 수 있다는 판단 때문이기도 합니다. 냉장고가 주인에게 문자를 보낼 만큼 날이 갈수록 똑똑해지고 있습니다.

세탁기 도어가 많아졌다

'좌측 세탁조에서 세탁을 한다. 세제는 '슈퍼타이'. 분명 다른 업체에서 생산된 다른 제품명이 쓰여 있지만, 어머님들에게 세탁 세제는 무조건 '슈퍼타이'로 통한다. 세탁 세제로서의 주된 기능은 중요치 않다. 단, 거품은 많아야 한다. 돌아간 타이머가 끝나면 알람이 울린다. 빨리 꺼내 옆 탈수조로 옮겨 달라는 신호다. 물기를 잔뜩 먹은 세탁물의 물을 빼야 할 시간이다. 다시 타이머를 돌려 설정하면 탈수가 시작된다. 탈수가 끝나고 빨랫줄에 일일이 널고 나서야 빨래가 마무리된다.' 금성(Goldstar) 세탁기를 사용할 때의 이야기입니다.

출처: 한국광고협회 광고정보센터

∧ 금성 백조 세탁기(위), 금성 백조 세탁기 레이디(아래)

'이번엔 세탁조가 하나다. 한 번에 세탁과 탈수가 가능하단다. 세제를 넣는 통이 물이 나오는 곳에 별도로 있다. 물이 흐르면서 세제를 녹이는 것이다. 이제 탈수를 위해 세탁물을 별도로 옮겨 담는 번거로움이 사라졌다.'

'이번에는 세탁물을 앞쪽에서 넣으란다. 세탁 도어가 위쪽이 아닌 앞쪽에 배치되어 있다. 지금까지 위쪽 세탁 도어를 열어왔는데, 이제는 앞에서 넣어야 한다. 세탁조도 옆으로 뉘어 있다. 서양식 드럼세탁기다. 물을 덜 사용할 수 있는 친환경 제품이면서 힘들게 허리 굽혀 세탁물을 꺼내지 않아도 된다. 단, 슈퍼타이를 사용해선 안 된다. 드럼용 전용 세제를 사용해야 한다. 그때부터 슈퍼타이의 존재는 잊혀지기 시작했다.

세탁기는 돌아가고 있는데 꼭 중간에 빨랫감이 생긴다. 세탁 도어가 위에 있을 땐 언제든 투입할 수 있었지만, 서양식 세탁기는 이를 허락하지 않았다. 융통성이 없는 녀석이다. 적당히 상황 봐서 받아줄 법도 한데 말이다. 또한 드럼용 세제는 슈퍼타이보다 비싸고 양도 적다. 서양식이라 그런지 매우 까다로운 녀석이다.'

'어떻게 알았는지 중간에 빨랫감을 투입할 수 있게 작은 세탁 도어를 따로 만들었다. 그런데 저기 저편에 많은 사람의 관심을 받고 있는 세탁기가 보인다. 이건 뭔가? 세탁조가 2개다. 드럼과 통돌이가 하나로 되어 있다. 위에선 드럼세탁기로, 아래에선 통돌이로 사용할 수 있는 녀석이다. 겉보기엔 단순해 보이지만, 개발하는

데 오랜 시간이 걸렸단다. 윗집 드럼세탁기의 층간 소음(공진)이 심해 아랫집 통돌이의 민원(저항)이 많았단다. 이를 해결하는 데 5년 넘게 걸렸다는 박람회장 직원의 설명이다. 멋있다. 그런데 비싸다. 그래도 없어서 못 판단다. 해외에서는 빨리 보내주지 않으면 매장에서 철수시켜버리겠다는 복에 겨운 협박에 시달린단다. 그래서 비행기에 실어 보낼 정도로 잘 팔린단다. 더욱이 층간 소음(공진) 해결 기술도 쉽게 따라올 수 있는 기술이 아니란다.

역시나 세탁이 끝났으니 빨리 꺼내 달란다. 알람이 아닌 문자로 말이다. 스마트폰으로 세탁기도 작동시킬 수 있단다. 냉장고에 이어 세탁기까지 스마트폰으로 들어와 자리하고 있다.'

세탁기도 갈수록 똑똑해지고 있습니다.

출처: LG전자 웹 사이트

∧ LG전자 트롬 트윈워시 세탁기

모든 가전, 모든 기기가 똑똑해지고 있다

결혼 전, 필자의 관심사는 자동차와 스마트 기기였습니다. 그런데 결혼 후에는 냉장고와 세탁기로 바뀌었습니다. 새로운 냉장고와 세탁기가 출시될 때마다 늘 놀랍고, 이를 개발한 사람들이 존경스러울 정도입니다. 지금의 냉장고와 세탁기 크기는 제한적입니다. 웬만한 아파트에 이들이 위치할 자리가 미리 준비되어 있어 그 이상의 크기로 만들기는 어렵습니다. 그런데도 그 제한된 공간에서 늘 새로운 무언가가 개발되고, 디자인된다는 사실이 필자의 관심을 끌게 합니다. 과거에는 불편함을 개선한 기술과 디자인 개발이 많았지만, 지금은 편리함과 즐거움을 위한 기술과 디자인이 우선하고 있습니다.

냉장고와 세탁기 위주로 사례를 언급했을 뿐, 모든 기기와 가전 제품들이 똑똑해지고 있습니다. 생활 밀착형 가전제품들이 이처럼 똑똑해지면서 이를 사용하는 사람들의 행동 패턴 또한 달라지고 있습니다. 이는 마치 숟가락을 사용하면 떠먹게 되고, 포크를 사용하면 찍어 먹게 되고, 젓가락을 사용하면 집어먹게 되는 것과 같은 이치입니다.

가장 커다란 변화는 '시간 활용'입니다. 24시간이 늘어나거나 줄어들지는 않습니다. 그래서 개개인의 경쟁력이 달라지기도 합니다. 이는 미래의 직업 선택에 막강한 영향을 미칩니다. 초창기 인터넷 사용에 익숙했던 사람들은 도서관에서 정보를 얻는 이들보다 훨씬 다양하고 많은 정보를 얻을 수 있었고, 시간도 절약할 수 있었습니다. 이들은 다양한 분야에서 IT 전문가로 활동 중입니다. 또한 스마트폰으로 원하는 TV 프로그램이나 영화, 음악, 관심 있는 동영상 등의 시청이 가능해지면서 공간의 제약에서 자유로워졌습니다.

기술은 인간을 자유롭게 합니다. 기술의 변화에 관심을 기울이거나 그 기술이 적용된 기기 사용에 관심을 기울이면 당신의 24시간이 더욱 자유로울 수 있습니다.

검색 시간 60초 ㅣ 난이도 ★★☆☆☆

다음 중 제시된 기업과 초장기 비즈니스 모델의 연결이 <u>잘못된</u> 것은 무엇일까?

① 우버−자동차 합승

② 후지필름−필름

③ 아마존−책

④ 넷플릭스−DVD

⑤ 페이스북−페이스매시(여학생 사진을 제시, 더 매력적인 여학생에게 투표)

◎ 정답 및 해설

• 세계 최대 자동차 공유 서비스 기업인 우버는 쉬고 있는 차량을 공유하자는 취지에서 '우버택시'로 시작했다.

정답 ①

아날로그 음악, 디지털 음악, 스마트 음악

· 키워드 ·

워크맨, 아이팟, 소리바다, 스트리밍

아날로그 음악

소니의 제품 중 세계적으로 히트한, 지금의 아이폰에 견줄 만한 제품이 있었습니다. 그것은 바로 초슬림 휴대용 카세트테이프 플레이어인 '워크맨(Walkman)'입니다. 얼마나 얇고 가벼웠는지 허리에 착용할 수 있을 정도의 초슬림·초경량 기기였습니다.

'말도 안돼. 허리에 착용하고, 음악을 들으며 조깅을 할 수 있다니…'

자동으로 테이프 B면에 담긴 음악까지 들을 수 있고, 버튼 하나만 누르면 약 5초 후 자동으로 되감기, 반복 듣기가 가능했습니다. 배터리 또한 놀라웠습니다. 워크맨에만 사용할 수 있는 직사

각형 모양의 얇고, 가벼운 배터리만 있으면 언제든 재충전하여 사용할 수 있었습니다.

▲ 소니 워크맨

충전이 어려운 상황에 대비해 가방에는 언제나 보조 배터리 설치 케이스와 AAA 사이즈의 건전지가 들어 있었고, 3~4개 정도의 카세트테이프를 별도로 지니고 다녔습니다. 필자의 가방에는 언제나 'NOW7', 'MAX4', 'Backstreet boys'의 앨범과 최신식 컴퓨터 CD로 녹음된 최신 가요 테이프가 담겨 있었습니다. 그냥 불법으로 편집 녹음된 동네 상점에서 구입한 테이프였습니다(당시, CD는 카세트테이프보다 음질이 뛰어나다는 소문이 돌았다). 모든 기능은 이어폰에 달린 리모컨으로 조정할 수 있었습니다. 그야말로 혁신 그 자체였습니다. 이후 모든 휴대용 카세트테이프 플레이어의 명칭은 '워크맨'으로 통했고, 삼성의 '마이마이(Mymy)'가 그 뒤를 이었습니다. 적어도 우리나라에서만큼은 그랬습니다. 리처드 막스의 'Now & Forever'를 듣기 위해 이것저것 준비할 게 많았던 아날로그 시대의 이야기입니다.

디지털 음악

'허리에 차고 듣던 음악이 목에 걸고 듣는 음악으로 바뀌었다.'

카세트테이프가 사라지고 CD 음반이 사라졌습니다. 카세트테이프에서 CD로 바뀌면서 부피가 많이 줄어 편리하고 음질이 좋다고 좋아한 것이 엊그제 같은데, 어느새 CD 시대마저 지나고 말았습니다. 좋아하는 음악만 찾아 검색한 후 다운받아 들을 수 있는 시대가 도래한 것입니다. 웬만한 음악은 '소리바다'에서 모두 검색할 수 있고, 음악 다운은 모두 '소리바다'로 집결되는 모양새였습니다. 당시의 '소리바다'는 지금의 아이튠즈(iTunes)에 비교할 수 있지만, '소리바다'에서는 별도의 비용을 지불하지 않고, 무료로 음악을 다운받아 들을 수 있었습니다. 이 모든 일련의 과정을 '공유(Share)'라고 일컬었기에 불법 다운에 대한 죄책감을 쉽게 덜어낼 수 있었습니다.

아날로그 시대가 워크맨 전성시대였다면, 디지털 시대는 '아이팟(iPod)' 전성시대였습니다. 디지털 시대의 가장 큰 변화를 대표하는 키워드는 '다운'과 '공유(Share)'입니다. CD로 음악을 들을 때는 '굽는다(Burning)'라고 표현했는데, 어느새 '다운받은 음악 파일을 공유한다'로 바뀌었습니다. 원하는 용량의 메모리칩만 바꿔주면 원하는 만큼의 음악 파일을 언제든지 저장해 들을 수 있었습니다. 늘 최신 가요 위주로 채워졌던 친구의 MP3 파일을 그대로 복사해 들을 수 있었던 그때는 디지털 시대였습니다.

출처: Recode

∧ 스마트 음악

10원이면 노래 한 곡을 들을 수 있습니다. 기본료는 한 달 100 원으로, 들은 만큼 비용을 지불하면 됩니다. 단, 1분 동안은 무료 청취할 수 있고, 그 이후부터 10원의 사용료가 청구됩니다. 다운받아 소장하고 싶다면 별도의 상품을 다시 구매하면 되고, 그렇지 않다면 실시간 '스트리밍(Streaming)' 방식으로 별도의 저장 없이 언제든지 원하는 만큼 음악을 들을 수 있습니다. 그래서 곡당 10원입니다. 평소 음악을 자주 듣는다면 맘껏 듣고 월 일정 금액만 지불하면 됩니다.

음악을 구매하는 방식이 다양해지고 단순해졌습니다. 게다가 뮤직비디오 시청이 가능하고, 다른 사람들이 즐겨 듣는 음악까지 추천해주며, 음악 성향을 파악해 그때그때 새로운 음악을 추천해주기도 합니다. 아날로그 시대에는 카세트테이프 앨범 표지에 가사가 담겨 있는 것만으로도 행복했는데, 스마트 시대에는 해당 가수의 사진과 영상, 가사, 맞춤식 음악 서비스까지 제공됩니다. 또 어떻게 알았는지 선호하는 가수의 새로운 앨범이 나왔다며 들어보라 하고, 앨범 및 다양한 콘텐츠 구매까지 가능하도록 유도합니다. 마치 똑똑한 음악 DJ에게 선물을 받는 기분이 들게 합니다.

스마트 음악과 마찬가지로 스마트 기술이 적용된 모든 산업, 생활 전반에도 '스트리밍' 기술이 적용돼 새롭고 다양한 변화를 만들어낼 것으로 보입니다. 금융에 '블록체인'이 적용되었다면, 이를 음악에도 적용해보고 음악에 '스트리밍' 기술이 적용되었다면, 금융에도 적용해보는 식의 변화된 미래 모습을 상상할 수 있는 기술이 필요한 때입니다.

T/E/S/T

다음 중 세계 최대 자동차 공유 서비스 기업, 우버가 지원하는 서비스에
해당하지 <u>않는</u> 것은 무엇일까?

① 우버 러시(Uber RUSH)

② 우버 이츠(Uber EATS)

③ 우버 풀(Uber POOL)

④ 우버 프레시(Uber FRESH)

⑤ 우버 바이크(Uber BIKE)

@ 정답 및 해설

- 우버 러시: 도보, 자전거, 자동차를 이용한 당일 배송 서비스
- 우버 이츠: 음식 배달 서비스
- 우버 풀: 우버 택시 합승 서비스
- 우버 프레시: 유기농 식품 배달 서비스

정답 ⑤

PART

02

테슬라와 아마존을 알면
데이터 금융이 보인다

삶과 기술의 융합
그리고 **집중**

노트 위에 글을 쓰면 추억이 되지만, 컴퓨터로 글을 쓰면 콘텐츠가 됩니다. 기술은 그 추억마저 콘텐츠로 바꾸려고 합니다. 기술은 결코 추억을 가질 수 없다는 사실을 잊지 말아야 합니다.

테슬라와 VR이 만나면
새로운 데이터 금융이 탄생한다

/

· 키워드 ·

테슬라, 전기차, 가상현실(VR), 360도 카메라, 5G, 클라우드, 자율 주행 자동차

테슬라

화성으로 인간을 보낸다.

인간을 화성에 보내려면 우주선이 필요하다.

그래, 우주선을 만들자.

▲ 스페이스 엑스

화성에서 생활하기 위해선 에너지원이 필요하다.

태양?

그래, 태양 에너지를 만들자.

^ 솔라시티

화성에서 탐사하려면

이동은 어떻게 하지? 자동차가 필요하다.

그래, 태양 에너지를 활용한 자동차를 만들자.

^ 테슬라

테슬라는 그렇게 탄생했습니다.

테슬라는 화석 연료가 아닌 전기로 움직이는 자동차, 엔진 대신 배터리를 사용하고 엔진이 있던 자리에 여유 공간을 제공하는 그런 자동차, 운전대에 손을 대지 않아도 목적지를 스스로 찾아가고, 30분이면 급속 충전이 가능하며, 소프트웨어 업그레이드만으로 속도를 향상시킬 수 있는 그런 자동차. 소프트웨어 업그레이드에 필요한 데이터는 무료로 제공되고, 그 데이터로 내비게이션, 음악, 동영상, 검색, 메일링, 스마트폰의 모든 기능이 가능한 그런 자동차, 결국 전기 에너지와 데이터 에너지가 공존하는 그런 자동차, 한 해 동안 수십, 수백만 대의 자동차를 판매하는 제너럴 모터스, 포드보다 훨씬 저조한 판매량을 보이지만, 2017년 4월 미국 자동차 산업 시가 총액 1위를 달성한 그런 자동차…. 테슬라는 그런 자동차입니다(2020년 7월 테슬라는 글로벌 자동차 산업 시가 총액 1위로 등극합니다).

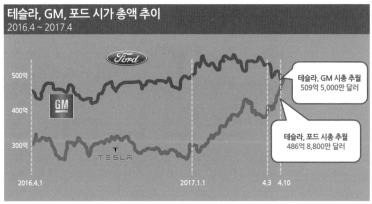

^ 테슬라, GM, 포드 시가 총액 추이

가상현실(VR)

NBA(미프로농구) VR 티켓을 예매합니다. 좌석은 코트 바로 옆. 르브론 제임스(NBA 선수)의 덩크슛을 골대 바로 밑에서 관람할 수 있고, 스테픈 커리(NBA 선수)의 3점 숏을 코트 중앙에서 직접 관람할 수 있습니다. 데이터가 실시간으로 보이고, 원하는 선수만 관람할 수 있으며, 멋진 장면은 반복해서 볼 수도 있습니다. 농구와 같은 스포츠뿐만 아니라 공연, 행사도 직접 방문하지 않고 현장의 생동감을 그대로 체험할 수 있습니다. 물론, 현장에서 느끼는 감동만큼은 아니겠지요.

이와 같은 관람이 가능한 이유는 VR 제작에 쓰이는 '360도 카메라' 덕분입니다.

360도 플라이   LG 360도 카메라   삼성 기어 360 카메라   리코 세타

인스터 360 나노   니콘키미션 360   페이스북 360도 카메라   큐브 360도 카메라

▲ 다양한 360도 카메라 제품

360도 시야각을 이미지와 동영상, 실시간 라이브 영상으로 한 번에 촬영할 수 있습니다. 물론, 그냥 관람할 수 있는 것이 아니라 VR용 HMD(Head Mounted Display)가 필요합니다. 이는 크게 스마트폰을 장착해 사용할 수 있는 기기, PC와 연동해 사용할 수 있는 기기, 별도의 콘솔과 연동해 사용할 수 있는 기기로 나눌 수 있습니다. 별도의 HMD가 준비되어 있지 않더라도 스마트폰으로 시청

할 수 있지만, 가상현실이 가진 매력은 경험할 수 없습니다.

구글 카드보드 VR HMD
(스마트폰 연동형)

오큘러스 리프트 VR HMD
(PC 연동형)

소니 플레이스테이션 VR HMD
(콘솔 연동형)

HTC VIVE VR HMD
(PC 연동형)

▲ 다양한 VR 제품들

필자가 사용하는 360도 카메라에는 2개의 렌즈가 있습니다. 한 번 촬영하면 각각 촬영된 이미지를 스스로 스티칭(각각의 카메라로 촬영된 이미지를 이어 붙여주는 작업)하여 보여줍니다. 그래서 일반 촬영에 비해 시간이 1~2초 더 소요됩니다. 전문적으로 사용되는 카메라는 더 많은 렌즈가 사용되고, 그만큼 고해상도의 결과물을 만들어냅니다. 따라서 고가의 제품이 많습니다. 360도 카메라의 대표적인 결과물로는 구글 지도의 스트리트 뷰, 네이버·다음의 거리 뷰가 있습니다. 우린 이미 오래전부터 360도 이미지를 사용하고 있었습니다.

테슬라+VR

연필 끝에 지우개가 달리고, 드라이버 끝에 자석이 달리고, 종이 끝에 끈끈이가 달리는 생활 속 소소한 혁신이 사회 전반으로 퍼져 나가기 시작했습니다.

융합의 힘이 곳곳에서 만들어지기 시작한 것입니다.

테슬라와 VR의 만남도 어쩌면 소소한 혁신의 영향인지 모릅니다. 가장 큰 차이가 있다면, 그곳엔 데이터가 존재한다는 사실입니다. 그 데이터가 테슬라 이상의 가치를 가져다줄지 모릅니다. 필자의 상상은 다음과 같습니다.

'360도 블랙박스'

테슬라 자동차 위에 360도 카메라가 장착됩니다. 크기는 엄지손가락 한 마디 정도이고, 별도의 배터리와 저장 공간을 가지고 있지 않습니다. 자동차 자체 전력을 사용하고, 촬영된 결과물은 실시간으로 가상 서버(클라우드)에 전송되기 때문입니다. 결과물은 스마트폰 앱을 통해 확인할 수 있습니다.

이를 위해서는 5G 이상의 데이터 전송 속도가 필요합니다. 360도로 촬영된 이미지 혹은 동영상은 일반 촬영에 비해 10배 이상의 용량이 필요하기 때문입니다. 그렇게 촬영된 결과물을 VR로 경험하려면, 4K 이상의 고해상도로 촬영되어야 하기 때문에 필요한 용량은 더 늘어납니다.

가상 서버에 실시간으로 전송된 영상은 필요에 따라 블랙박스가 되기도 하고, 불법 주정차를 단속하는 카메라가 되기도 하고, 교통 상황을 실시간으로 파악할 수 있는 데이터가 되기도 합니다. 이와 같은 데이터가 쌓이고 분석되면 사고율이 줄어들고, 이동 시간이 단축되며, 보험료는 하락하는 다양한 효과를 얻을 수 있습니다.

"사라진 룸미러, 사이드미러"

운전 중 전면의 시야 일부를 가렸던 룸미러가 사라질 수도 있습니다. 천장에 장착된 360도 카메라가 룸미러보다 넓은 시야각을 선보이며, 전면 창에 증강현실 혹은 HUD(Head Up Display)로 보여주기 때문입니다. 후진 기어에 놓이면 자동으로 전면 창에 후방의 영상이 보이는 방식이겠지요. 사이드미러 역시 천장에 장착된 360도 카메라로 대체될 가능성이 있습니다. 일부 콘셉트 카에서 사이드미러 대신 카메라를 장착해 공기 저항을 줄이는 기술이 시도되고 있지만, 필자는 이 역시 360도 카메라 한 대로 대체할 수 있다고 생각합니다. 전면 창의 좌우 한편에 보여지는 것이지요.

천장에 장착되어 좌우 차선의 일부를 가릴 수 있다는 염려가 있기는 하지만, 필자가 직접 장착하고 촬영해본 결과, 기존의 사이드미러보다 넓은 시야각으로 좌우 차선의 상황을 파악할 수 있었습니다.

데이터 금융의 탄생

문제는 미국 테슬라처럼 무료 데이터를 무한대로 사용하기 어렵다는 데 있습니다. 향후, 지금의 스마트폰보다 자동차에서 소비되는 데이터의 양이 가늠하기 어려울 만큼 증가할 수도 있기 때문입니다. 과거 음성 통화 사용량과 문자 사용량으로 수익을 창출했던 이동 통신사들이 지금은 데이터 서비스로 더 많은 수익을 창출한다는 점에서 자동차의 무료 데이터 무한대 사용은 더욱 어려워 보입니다. 바로 그 점이 새로운 데이터 금융을 탄생시키는 요인이 될 수 있습니다.

▲ 테슬라와 VR이 만나면 새로운 데이터 금융이 탄생한다

자율 주행으로 손발이 자유로워진 운전자는 음악, 동영상, 검색, 메일 확인, 그리고 쇼핑 등의 활동을 할 수 있습니다. 이 과정에서 운전자는 광고에 노출되고, 이 광고는 자율 주행 자동차의 새로운 수입원이 될 수 있습니다. 일부 무료 데이터 사용을 원한다면

광고 노출을 허락해야 할 것이고, 이런저런 광고가 신경 쓰인다면 무제한 월정액 데이터 요금제에 가입하면 되는 것입니다. 마치 '유튜브(무료)'와 '유튜브 프리미엄(유료)'처럼 말이지요.

특히, 많은 데이터가 요구되는 360도 블랙박스는 가상 서버 사용 용량, 사용 기간을 조건으로 오토리스(자동차 대출) 상품이 탄생할 가능성이 높습니다. 예를 들면 이런 식입니다.

자동차 데이터 전용 금융 상품

- 해당 차량: 데이터가 사용되는 모든 차량(커넥티드 카, 자율 주행 자동차)
- 차량 구매 대출 시 3년간 매달 30GB 가상 서버(클라우드) 제공
- 펀드 가입 시 10GB 가상 서버 추가 제공

배터리 기술이 유선 전화기에 적용되면서 무선 전화기가 되었습니다. 다시 무선 전화기에 GPS와 카메라, 데이터 전송 기술이 적용되면서 스마트폰이 되었습니다. 이를 개발한 기업은 세계 최고 기업이 되었습니다. 그와 비슷한 흐름이 자동차로 옮겨 가고 있습니다. 배터리와 GPS, 카메라와 데이터 그리고 공유 경제와 인공지능까지 자동차는 아이폰의 혁신을 이어가고 있습니다. 어쩌면 아이폰 탄생 10주년(2017)년은 스마트카 탄생 10주년을 의미하는 것인지 모릅니다. 다양한 기술의 융합이 과거 10년을 뛰어넘을 수 있을 것으로 생각합니다. 이를 위해선 다양한 생각의 융합이 우선시되어야 합니다. 지금이 바로 생각의 융합에 집중해야 할 때입니다.

T/E/S/T

다음 중 2017년 미국에서 시장가치가 가장 높은 기업으로 등극한 자동차 기업은 어디일까?

① GM

② 포드

③ 테슬라

④ 크라이슬러

⑤ 쉐보레

◎ 정답 및 해설

• 전기 자동차 업체인 테슬라의 시가 총액은 2017년 4월 기준 515억 4,200만 달러로, 미국 최대 자동차 회사인 GM의 시가 총액 502억 1,600만 달러를 넘어섰다.

정답 ③

스마트 TV가 세로 모드로 바뀌면
아마존도 이긴다

· 키워드 ·

아마존, 3D 카메라, 스마트 미러, 추천 알고리즘, 패션 스트리밍

∧ 아마존 로고

아마존은 이런 회사입니다.

창업자	제프 베조스
매출	약 333조 원(2019년), 세계 최대 전자 상거래 기업
시가 총액	약 1,814.9조 원(2020년 7월)
웹 서비스	AWS 매출 약 47.5조 원(2019년)(아마존 전체 이익의 3분의2 가량 차지), 세계 시장 점유율 1위(32.3%)

전자 상거래	미국 가정의 90% 이상 아마존 고객
배송 능력	물류 센터 110개, 아마존 화물 항공기 70대, 전기트럭 10만 대 주문, 드론 배송
인공지능 스피커	아마존 에코 5,400만대, 미국 시장 점유율 70% 이상
엔터테인먼트	오리지널 콘텐츠 영화 '맨체스터 바이 더 씨' 아카데미 3개 부문 석권
아마존 프라임	회원 수 약 1억5,000만 명(2020년), 아마존 프라임 가입자 수 1억 명 이상
우주	블루오리진 2021년 민간인 우주여행 예정(20~30만 달러)
식료품	미국 최대 유기농 식료품 체인 '홀푸드' 인수
패션	미국 의류 시장 점유율 1위
아마존 고	무인 마트

1994년 약 3억 원의 자본으로 온라인 서점을 시작한 아마존은 2020년 6월 미국 주식 시가 총액 애플—MS를 잇는 3위에 자리하고 있습니다. 창업자인 제프 베조스가 당시 나이 30살(결혼 1년 차)에 잘나가던 펀드매니저를 그만두고 시작한 사업입니다. 지금은 아마존 로고에서처럼 A부터 Z까지 '모든 것을 파는(Everything store)' 세계 최대 전자 상거래 기업이 되었습니다. 제프 베조스는 현재 빌게이츠를 제치고 세계 최고 부자 순위 1위에 올라서 있습니다.

그런 아마존을 스마트 TV를 세로 모드로 바꿔서 이긴다? 미친 소리로 들릴 수도 있지만, 필자는 0.1%의 가능성이라도 있다고 생각합니다. 일단, 첫 번째 가능성은 세계 TV 시장 점유율 1, 2위 기업이 당당히 한국의 삼성전자와 LG전자라는 사실입니다. 두 기업의 점유율을 합치면, 약 35%에 가깝고, 3~5위의 판매량을 모두 합쳐도 삼성전자보다 낮습니다. 두 번째 가능성은 스마트 TV 기술력역시 1~2년 이상 앞서 있다는 사실입니다. 세 번째 가능성은 갈수록 스마트 TV의 크기가 커지고 있고, 얇아지고 있으며, 저렴해지고 있다는 점입니다. 빠른 데이터 전송 능력과 높은 보급률이 이를뒷받침하고 있습니다. 그것은 바로 스마트 쇼핑을 위한 스마트 미러(Mirror) 혹은 증강현실(AR) 피팅 미러입니다.

출처: CISCO 영상 캡처

▲ 스마트 미러(시스코 미래 쇼핑)

현재까지의 기술은 평소처럼 거울 앞에 서서 옷매무새를 가다듬듯이 원하는 스타일의 옷을 증강현실 기술로 어울리는지 확인하는 정도입니다. 옷 매장에 설치되어 있는 모습을 종종 보셨을 겁니다. 하지만 필자가 생각하는 스마트 미러는 여기에 몇 가지 기능이더 추가됩니다.

일단, 3D 카메라가 설치됩니다.

사람의 형상을 3D로 촬영하여 꼭 맞는 옷을 추천할 수 있게 하는 것이지요. 그렇게 되면 옷뿐만 아니라 구두, 운동화, 모자, 속옷과 같이 사이즈 때문에 반품·교환이 많았던 상품들의 온라인 주문이 훨씬 수월해질 수 있습니다. 또한 등산복을 쇼핑할 때는 배경이 산으로 바뀌고, 농구화를 쇼핑할 때는 배경이 농구 코트로 바뀌는 등의 재미를 부여할 수 있습니다. 따라서 의류 매장보다 가정에서 스마트 미러로 쇼핑하는 것이 훨씬 나을 것이라 생각합니다.

두 번째 기능은 추천 알고리즘입니다.

3D 촬영으로 자신의 정확한 신체 사이즈가 측정되면, 매일 새롭게 업데이트되는 다양한 패션 아이템을 추천받아 입어보고, 구매할 수 있습니다. 추천 알고리즘 기술이 뛰어난 아마존과 유튜브, 넷플릭스의 경우, 전체 매출의 절반 이상이 추천 아이템을 통해 이루어지고 있습니다.

세 번째 기능은 SNS입니다.

가상으로 피팅한 모습을 캡처해 공유함으로써 객관적인 평가를 통해 옷을 구입하는 데 도움을 받는 것입니다. 그 사례로 미국의 '와비파커'라는 온라인 안경 판매 기업을 들 수 있습니다. 또 같은 옷을 구매한 다른 소비자들의 코디법을 공유하면 보다 저렴하게 보다 멋진 코디를 연출할 수 있습니다.

출처: warbyparker

▲ 와비파커 마케팅

네 번째 기능은 3D 촬영으로 다이어트 효과까지 유도할 수 있다는 점입니다.

매일 체중계를 이용해 몸무게를 측정하듯, 자신의 전신을 측정하면 이에 걸맞은 운동법을 영상으로 보여주거나 식단을 제시할 수 있습니다.

다섯 번째 기능은 '패션 스트리밍' 서비스입니다.

온 가족이 스마트 미러에 앞에 서서 가상으로 피팅하는 재미에 가능한 한 많은 옷을 입어볼 것으로 생각됩니다. 그렇다고 입고 싶은 모든 옷을 구매하기에는 비용 부담이 클 수도 있고, 빠르게 변하는 트렌드에 한 해가 지나면 이미 유행에 뒤처진 스타일이 되기 십상이라 매달 일정 요금을 지불하고 빌려 입는 것입니다. 방식은 과거 넷플릭스의 방식과 유사하다고 볼 수 있습니다.

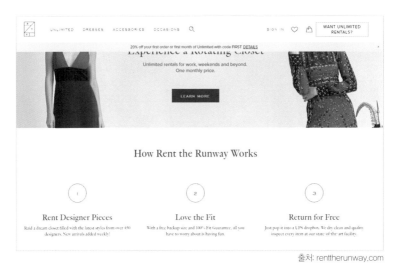

출처: renttherunway.com

▲ 렌트 더 런웨이

패션계의 넷플릭스라 불리는 미국의 패션 렌털 서비스 기업 '렌트 더 런웨이'는 매달 89달러(약 10만 원)짜리 프로그램은 350개 브랜드 패션 중 4개 품목을 빌려 입을 수 있고, 70달러(약 8만 원) 비싼 프리미엄 프로그램은 500개 이상의 브랜드에서 무제한으로 옷을 대여할 수 있습니다. 여기에는 배송비와 드라이클리닝, 보험료까지 포함되어 있습니다. 추가 비용을 지불하면 전문가의 스타일링까지 받을 수 있습니다.

이 모든 기능과 서비스가 가능하기 위해서는 최소 50인치 이상의 스마트 TV가 필요합니다. 물론 이보다 작아도 괜찮습니다. 그런 다음, 별도 장치를 장착해 90도 회전이 가능하도록 합니다.

가로로 넓은 TV 사이즈가 아닌 의류 쇼핑에 적합한 세로 형태로 위치를 바꿔주는 것이지요. 이미 스마트 TV의 두께는 신용카드 정도로 얇아질 만큼 발전해 있습니다. TV 회전이 불편하다면, 스카치테이프로 TV 화면을 이리저리 옮겨 가며 부착할 수도 있습니다. 별도의 스마트 미러 구매 없이 스마트 TV에 3D 카메라와 회전 장치만 설치해도 가정에서의 쇼핑이 훨씬 재미있고 수월해질 수 있습니다. 여기에 간편 결제와 보안 기술까지 더해지면, 온라인 쇼핑 시장은 훨씬 더 확대될 수 있다고 생각합니다.

아마존을 이길 수 있는 0.1%의 가능성이라도 있다면, 시도해볼 가치는 충분합니다.

세로 모드
90도 회전

3D 카메라

두께: 신용카드

CREDIT CARD

스마트 TV가
세로 모드로 바뀌면
아마존도 이긴다

∧ 스마트 TV가 세로 모드로 바뀌면 아마존도 이긴다

누군가는 구매하고,
누군가는 판매합니다.

그들은 검색하고, 결제하고, 배송합니다.
이 모든 과정을 거래 혹은 쇼핑이라고 합니다.

원활한 거래를 위해선 기술이 필요하지만,
월등한 거래를 위해선 데이터가 필요합니다.

세상은 원활하면서 월등한 모든 것을 필요로 합니다.

T/E/S/T

매년 3억 개 가까운 운동화를 동남아시아와 중국에서 생산해 왔던 이 기업은 최근 스마트 팩토리를 도입하여 독일로 생산 라인을 옮겼다. 수작업으로 몇 주씩 소요되던 운동화 제작이 단 몇 시간으로 단축되고, 소비자 맞춤 운동화까지 제작할 수 있는 이 기업의 이름은 무엇일까?

정답 : _____

⊚ 정답 및 해설

• 독일 정부와 아디다스, 아헨공대가 3년 이상 심혈을 기울여 독일 안스바흐에 건립한 신발 공장, '스피드 팩토리(Speed Factory)'는 4차 산업혁명에 걸맞은 대표적인 제조업 혁신 사례다. 10여 명의 인력으로 연 50만 켤레의 운동화를 생산할 수 있다(기존 방식이라면 대략 600명이 필요하다).

정답 아디다스

마루 위 테슬라,
청소로봇

/

· 키워드 ·

사물 인터넷, 가상현실, 360도 카메라

"한 시간 뒤에 들어갈 테니까 청소해둬."

"집에 들어가기 10분 전에 보일러 켜둬."

최첨단 기술이 현대판 콩쥐가 되어 돌아왔습니다.

이제 스마트폰과 음성 인식 스피커만 있으면, 원격으로 청소할 수도 있고, 추운 날씨 혹은 더운 날씨에 미리 보일러나 에어컨을 작동시킬 수도 있습니다. 사실 청소로봇, 에어컨, 보일러 외에도 냉장고, 세탁기, TV, 밥솥, 전자레인지, 건조기, 공기 청정기, 정수기까지 가정에서 사용하는 대부분의 가전제품을 원격으로 제어할 수 있게 되었습니다. 이들 가전제품 중에서도 항상 허브 역할을 자청했던 제품은 바로 '냉장고'입니다. 그 이유는 아이러니하게

도 24시간 작동하는 제품이 냉장고뿐이기 때문입니다. 그런데 지금까지 허브 역할을 제대로 해 왔는지, 앞으로 성실하게 잘 수행할 수 있는지 의문이 들기만 합니다.

스마트홈 레인저, 청소로봇

김치 전용 냉장고의 출시는 한때 주부들 사이에서 큰 반향을 일으킬 정도로 인기였습니다. 일단 가장 많은 공간을 차지했던 음식이 김치였고, 가장 많은 냄새의 요인이 김치였습니다. 그래서 공간과 냄새에서 자유로울 수 있었고, 싱싱하고 아삭한 김치 맛을 오랫동안 유지시킬 수 있었습니다. 몇 년 후 김치 전용 냉장고의 열기는 서서히 식기 시작했습니다. 그 이유는 일반 냉장고와 김치 냉장고가 하나로 합쳐져 새롭게 출시되었기 때문입니다.

냉장고뿐만 아닙니다. 세탁기의 경우, 적은 양의 세탁을 위한 일반 세탁기와 많은 양의 세탁을 위한 드럼세탁기가 하나의 세탁기로 탄생하자, 밀려드는 수요를 감당하지 못할 만큼 큰 인기를 끌기도 했습니다. 에어컨에는 공기 청정 기능이 추가되었고, 선풍기역시 공기 청정 기능이 더해진 제품들이 출시되고 있습니다.

필자는 앞으로의 청소로봇이 스마트홈의 허브 그리고 가정의 레인저 역할을 충실히 해낼 수 있을 것으로 생각합니다. 일단, 몇 가지 기능이 추가되어야 합니다. 첫 번째 기능은 가상현실에 사용되는 360도 카메라입니다. 집안 구석구석 빠짐없이 청소하기 위해 내비게이션 카메라가 장착된 지금의 청소로봇과 달리 360도 카메라가 장착되면, 이동이 가능한 360도 시야각의 CCTV 역할을 수행할 수 있습니다. 여기에 어두운 환경에서도 제 역할을 수행할 수 있게 별도의 조명까지 추가 장착되면, 진정한 가정의 레인저가 될 수 있다고 생각합니다. 현재 사용되고 있는 가정용 CCTV는 육아 도우미의 도움을 받는 맞벌이 가정과 반려동물을 키우는 가정에서 별도의 비용을 들여 사용하고 있습니다. 만약 360도 카메라가 장착된 청소로봇을 사용하게 된다면, 한자리에 고정된 지금의 카메라와 달리 방, 거실, 부엌마다 이동하며 촬영할 수 있게 됩니다. 또한 장착된 조명은 사각지대에서 밝게 사용할 수도 있습니다.

청소로봇과 테슬라의 공통점

'도로 위에 테슬라가 있다면, 마루 위에는 청소로봇이 있다.'

사실 배터리와 모터 그리고 데이터 전송이 가능한 청소로봇은 전기 자동차의 대표 주자인 테슬라와 비유될 수 있습니다. 일단, 둘 다 바퀴가 달려 이동이 가능합니다. 충전이 가능한 배터리를 에너지원으로 사용하고 이 배터리로 모터를 작동시킵니다. 또한 카메라 센서를 이용해 전방을 주시하고 환경까지 깨끗하게 만듭니다. 스스로 청소하고 운행하는 자율 주행 기능까지 이 둘은 많은 공통점을 갖고 있습니다.

- 바퀴로 이동
- **충전 가능 배터리 사용**
- 배터리로 모터 작동
- **카메라 센서 전방 주시**
- 깨끗한 환경 조성
- **스스로 청소, 스스로 운행**

청소로봇+테슬라
공통점

▲ 청소로봇과 테슬라의 공통점

앞서 언급했듯이 360도 카메라가 테슬라에 장착되면 블랙박스 역할을 하지만, 청소로봇에 장착되면 CCTV 역할을 합니다. 여기에 USB 기능과 블루투스 스피커 기능까지 더해지면 만능 가전제품의 역할이 가능해집니다. '굳이 청소로봇에 USB 충전과 음악 감상 기능이 필요할까?'라는 생각을 하겠지만, 최근 출시되는 대다수의 제품에 USB 충전과 블루투스 그리고 음성 인식 인공지능을 표방한 스피커 기능까지 기본적으로 장착된다는 측면에서 보면 분명 활용도가 높아 보입니다.

청소로봇은 홈 데이터 수집 전문가

블루투스 스피커

360도 카메라

USB 포트

∧ 마루 위 테슬라, 만능 청소로봇

　인공지능, 사물 인터넷, 자율 주행 자동차, 드론, 가상현실 등 흔히 말하는 4차 산업혁명의 기본 개념은 데이터이며, 이와 같은 데이터가 모여 빅데이터가 되고, 데이터 수집에 필요한 기본적인 장치가 배터리와 카메라 그리고 데이터 통신 장비라는 점에 비춰 볼 때, 청소로봇은 스마트홈의 허브 역할을 가장 잘 수행할 수 있는 제품이라고 믿습니다.

　일상에서 소비되는 데이터 수집이 필요하다면, 청소로봇에 먼저 관심을 가졌으면 합니다.

T/E/S/T

> 인공지능 '알렉사', 무인 점포 '아마존 고', 드론 무인 택배, 우주 개발,
> 클라우드 컴퓨팅, 미국 최대 전자 상거래 기업 '아마존'

위 내용과 가장 관련이 깊은 인물은 누구일까?

① 제프 베조스

② 스티브 잡스

③ 마크 주커버그

④ 빌 게이츠

⑤ 피터 틸

◎ 정답 및 해설 ～～～～～～～～～～～～～～～～～～～～～～～～

• 제프 베조스는 아마존의 창업자이다.

정답 ①

AR 아이폰, 갤럭시:
읽지 않고 시청하는 기술

/

· 키워드 ·

증강현실(AR), 가상현실(VR), 융합현실(MR)

한때 필자는 '애니팡', '스트리트 파이터', '스타크래프트'라는 게임에 푹 빠져 지냈습니다. 이 중 애니팡은 게임 방법이 쉽고 결과까지 곧바로 확인할 수 있어서 짬이 날 때마다 즐겼습니다. 재미있기도 했지만, 그저 카카오톡 친구들보다 높은 점수를 획득하여 SNS에 자랑하고 싶었던 마음이 더 컸습니다. 아마도 애니팡 게임이 국민적 인기를 끌었던 이유가 필자와 같은 사용자가 많아서이지 않을까 생각합니다.

스트리트 파이터라는 게임은 애니팡과 달리 동전을 넣어야 게임이 시작됐습니다. 지금은 게임 한 번에 500원이지만, 옛날에는 50원이었습니다. 본게임 시작 전 컴퓨터와 대전할 것인지, 다른 플레이어와 대전할 것인지를 선택해야 했고, 원하는 캐릭터도 선택할 수 있었습니다. 이 게임이 인기 있었던 이유는 컴퓨터가 아닌 친구들과 대전하며 승부를 겨룰 수 있었기 때문입니다. 반면, 스타크래프트 게임은 PC방에 가야만 즐길 수 있었고, 친구들과 아군이 될 수도, 적군이 될 수도 있었습니다. 가장 큰 특징은 온라인상의 다른 게이머들과 승부를 펼치는 전략형 게임이었다는 점입니다.

필자가 좋아했던 이 게임들은 공통점이 있습니다. 모바일 게임의 대표 주자하면 애니팡, 아케이드 게임의 대표 주자하면 스트리트파이터, 온라인 게임의 대표 주자하면 스타크래프트를 떠올린다는 점입니다. 대다수의 사람이 좋아하던 게임을 필자 역시 좋아했던 것입니다. 이처럼 게임을 언급한 이유는 4차 산업혁명을 이끌어갈 기술 중 증강현실과 가상현실, 융합현실이 게임 분야에서 가장 활발한 움직임을 보이기 때문입니다.

AR 아이폰

1987년 출시된 스트리트파이터와 2012년에 출시된 애니팡의 세월 차는 무려 25년입니다. 25년의 세월 동안 가장 크게 바뀐 것이 있다면, 무선 데이터 소비라고 말할 수 있습니다. 애니팡은 무선 데이터가 연결된 스마트폰이 있어야 즐길 수 있고, 장소/시간에 구애받지 않고 언제든 즐길 수 있다는 특징을 가진 반면, 스트리트파이터는 오락실에서 동전을 넣어야 즐길 수 있습니다. 다시 말해, 애니팡은 사용할수록 데이터라는 흔적을 남기고, 그 데이터를 바탕으로 지속적으로 업데이트해 나가며 갈수록 완성도 높은 게임을 만들어낼 수 있다는 데 큰 의미가 있다고 볼 수 있습니다. 그런데 몇 해 전, 동전을 넣어야만 작동했던 스트리트파이터가 증강현실 기술을 장착하고 새롭게 등장했습니다. 이는 곧 데이터를 소비하는 게임으로 재탄생했다는 것을 의미하기도 합니다.

출처: meleap.com

▲ HADO AR GAME

방법은 다음과 같습니다. 친구와 함께 별도의 장비를 착용하면 게임 캐릭터를 조정하는 것이 아니라 스스로 캐릭터가 됩니다. 실제 게임 캐릭터처럼 장풍을 날리고, 방어도 하면서 차근차근 포인트를 쌓을 수 있는 것이지요. 여기서 말하는 증강현실이란, 실제 머물러 있는 현실 공간에 가상의 그래픽(사물 혹은 캐릭터 등)을 겹쳐 보여주는 기술로, 별도의 장비(안경 혹은 콘택트렌즈, HMD)를 착용해 체험할 수 있는 기술을 말합니다. 이미 증강현실은 '포켓몬 고' 게임을 통해 잘 알려져 있기도 합니다. 만약, 스트리트파이터가 포켓몬 고의 특징까지 흡수한다면, 길을 걷다 만나는 새로운 캐릭터와 장풍을 날리며 실시간 대전을 펼칠 수도 있습니다. 게임명 그대로 스트리트파이터가 되는 것이지요.

이미 증강현실 기술은 게임뿐만 아니라 쇼핑, 마케팅, 내비게이션, 산업 전반에 걸쳐 폭넓게 사용되고 있고, 빠르게 시도되고 있습니다. 최근 글로벌 시가 총액 1위 기업 애플이 아이폰 탄생 10주년을 기념해 증강현실 기술이 가미된 아이폰 X을 출시하기도 했습니다.

읽지 않고, 시청하는 기술

필자는 바로 이 부분에 집중하고 있습니다. 평소 '읽지 않고 시청할 수 있도록 만드는 기술이 증강현실이다'라고 생각하는 필자는 '아이폰의 증강현실 기술 도입' 기사를 접하고 가장 먼저 마이크로소프트의 '윈도우' 운영체제를 떠올렸습니다. 복잡하고 어렵기만 했던 컴퓨터 사용을 아이콘(그림)으로 대체하면서 온·오프라인의 경계를 창문(윈도우)을 통해 쉽게 접근할 수 있도록 만들었기 때문입니다. 필자는 증강현실 기술이 과거의 윈도우처럼 생활 전반, 산업 전반에 필요한 모든 것을 이미지화해 시청할 수 있도록 만들어 나갈 것으로 기대하고 있습니다.

이미 증강현실 기술은 교육 분야에서 폭넓게 활용되고 있습니다. 우주선이 그려진 책에 스마트 기기(스마트폰, 태블릿 PC)를 가져다 대면 우주로 날아가는 3D 모형의 우주선 그래픽을 실감 나게 시청할 수 있습니다. 책을 읽는 것이 아니라 시청할 수 있게 만드는 것이지요. 우선 아이폰이 증강현실 기술의 도입으로 가장 먼저 선보이게 될 신제품이 AR 글라스가 되지 않을까 생각합니다. 이리저리 스마트 기기를 가져다 대기보다 눈 가까이에 AR 글라스를 착용해 더욱 편리하게 사용할 수 있기 때문입니다. 이는 자동차 산업과 가장 먼저 제휴될 가능성이 높다고 생각합니다. 제휴된 자동차를 구매하면 아이폰과 연동되는 AR 글라스가 옵션으로 제공되는 식이지요. 2012년 이미 구글이 '구글 글라스'를 출시한 바 있지만, 이 때문에 좀 더 완성도 높은 제품이 출시되지 않을까 기대합니다.

다음으로 집중하는 분야가 광고, 마케팅에 이은 쇼핑 후 결제 분야라고 생각합니다. 기존 광고가 이미지 혹은 단순 정보 전달의 목적이 강했다면, AR 글라스는 정보 전달과 쇼핑, 뒤이어 구매·결제까지 이어질 수 있기 때문입니다. 수요가 많은 곳에서 공급을 위한 기술 개발이 적극적으로 이루어지는 불문율이 오래전부터 꾸준히 이어져 내려오기도 하거니와 인공지능, 챗봇과 같은 기술들과 융합하며 더 큰 시너지를 낼 것이라 기대하고 있기 때문이기도 합니다.

갤럭시 VR

아이폰이 증강현실이라면, 라이벌인 갤럭시에는 가상현실 기술이 도입되지 않을까 조심스럽게 예상해봅니다. 이미 페이스북과의 제휴를 통해 가상현실 제품을 개발한 경험이 있는 삼성이 가상현실에 사용하는 360도 카메라를 다음 모델에 도입할 가능성이 높다고 판단한 것입니다. 도구가 사용자의 행동을 바꾸듯이 일단, 스마트폰에 360도 카메라가 장착되면, 세상은 점점 360도 위주의 콘텐츠가 증가할 것이고, 이는 곧 가상과 현실이 자연스럽게 공존하는 생활 패턴으로 바뀔 것입니다. 2016년 이미 중국에서 '다링VR폰'이 출시된 적이 있지만, 이를 받쳐줄 수 있는 환경이 아직 갖춰져 있지 않다는 점에서 다소 이른 출시가 아니었나 생각합니다. 360도 카메라로 촬영된 이미지와 동영상을 제대로 즐기려면 별도의 VR HMD가 필요하지만, 이 역시 재질과 사양에 따라 체감하는 정도가 다르기 때문에 일반화가 되기까지 상당한 시간이 소요될 것으로 예상합니다. 가까운 시일 내에 증강현실이 확대되겠지만, 결국에는 가상현실과 증강현실이 함께 공존하는 융합현실 시대를 맞이하게 될 것입니다.

다행스럽게도 우리나라에는 융합현실에 최적화된 콘텐츠가 일상생활에 이미 존재하고 있습니다. 스크린 골프 '골프존'과 스크린 야구 '스트라이크존', 스크린 낚시 '피싱조이'가 융합현실의 대표적인 사례라고 할 수 있습니다. 이들의 장점은 일상생활 속에 존재하고 있고, 누구나 즐길 수 있으며, SNS를 통해 서로의 실력을 확인하면서 경쟁할 수 있다는 것입니다.

즐기는 공간이 다양해지고, 장비 또한 다양해지고, 방식 역시 다양해지고 있습니다. 기술의 발달이 인간을 새로운 즐거움으로 물들이고 있습니다. 좀 더 다양한 즐거움을 경험하고 싶다면, 새롭게 선보이는 기술에 관심을 가져야 합니다. 내가 즐겁다면, 다른 사람도 즐거우니까요. 그 즐거움이 당신을 물질적·정신적으로 풍요롭게 만들어줄 것이라 믿습니다.

출처: 골프존 페이스북, strikezon.com, 피싱조이 페이스북

▲ 한국형 융합현실 – 스크린골프(위), 스크린야구(가운데), 스크린낚시(아래)

T/E/S/T

검색 시간 40초 | 난이도 ★☆☆☆☆

'스마트폰 카메라로 꽃을 비추면 꽃 이름이 나타난다.'
'거리의 식당 사진을 찍으면, 리뷰와 위치 정보, 예약까지 가능하다.'
'공유기 뒷면의 제품 정보를 촬영하면 와이파이(WiFi)가 자동 연결된다.'

다음 중 구글이 선보인 이 기술은 무엇일까?

① 구글 어시스턴트

② 구글 스페이스

③ 구글 렌즈

④ 구글 포토

⑤ 구글 스트리트 뷰

ⓖ 정답 및 해설

- 구글 어시스턴트: 인공지능 비서
- 구글 스페이스: 커뮤니티 개념의 SNS
- 구글 렌즈: 인공지능 카메라 앱
- 구글 포토: 사진 보관, 관리 서비스
- 구글 스트리트 뷰: 실사 웹 지도 서비스

정답 ③

5

'엔비디아' 주가가 오르면
인간의 수명도 늘어난다

/

· 키워드 ·

인공지능, CPU · GPU, 자율 주행 자동차, 데이터센터, 이미지 인식

한국의 바둑 스타 이세돌과의 바둑 대결로 잘 알려진 구글의 인공지능 '알파고', 한국 최초로 가천대 길병원에 암 진단을 위해 도입된 IBM의 인공지능 '왓슨'…. 바둑 프로 '알파고'와 닥터 '왓슨'은 각자 담당하고 있는 분야가 다르지만, 업무를 처리하는 방식은 유사하다고 할 수 있습니다. 둘 다 '엔비디아'가 개발한 GPU(그래픽 처리 장치)를 탑재해 사용 중이기 때문입니다.

인간의 두뇌는 보고, 듣고, 느끼는 과정에서 수십억 개의 뉴런이 동시에 전기 신호를 주고받으며 상황을 빠르게 인지하고, 대처할 수 있도록 합니다. 이와 같은 인간의 두뇌를 모방한 인공지능의 핵심 기술이 '딥러닝'입니다.

∧ 엔비디아-드라이브-PX(인공지능 자율 주행 시스템)

이미 4차 산업의 핵심 기술로 급부상한 딥러닝 기술이 제대로 작동하기 위해서는 엄청난 양의 데이터를 한꺼번에 받아들이면서 배워 나가야 하는데, 이를 처리하는 데 필요한 장비가 GPU이고, GPU를 잘 만드는 기업이 '엔비디아'입니다.

'인텔'의 CPU(중앙 처리 장치)와 비교했을 때, CPU가 빠르게 일하는 일꾼 1명이 일하는 방식이라면, GPU는 한꺼번에 수십 명의 일꾼이 일하는 방식입니다. 쉽게 말해, CPU 2,000개가 필요한 연산을 '엔비디아'의 GPU는 단 12개만을 사용해 처리할 수 있습니다. 그만큼 시간과 비용을 절감할 수 있는 것이지요. 이를 통해 프로 바둑 '알파고'는 수만 번의 대전을 거듭하며 스스로 이기는 수를 학습하고, 닥터 '왓슨'은 수십 년에 걸쳐 수집된 암 관련 데이터를 스스로 학습하며 특정한 암 증상에 관한 가장 적절한 진단법을 제시합니다. 담당 의사의 진단과 닥터 '왓슨'의 진단 중 결정은 환자의 몫입니다. 그뿐만 아니라 테슬라, 도요타, 아우디가 개발하는 자율 주행 자동차에도 대부분 '엔비디아' 제품이 사용되고 있습니다. 애플은 '엔비디아' 출신 딥러닝 전문가를 직접 영입했고, 아마존, 알리바바, 바이두, 페이스북, 구글 등도 데이터 센터 구축을 위해 '엔비디아'의 GPU를 사용하고 있습니다.

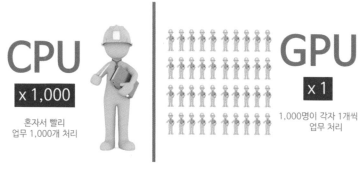

CPU
x 1,000
혼자서 빨리
업무 1,000개 처리

GPU
x 1
1,000명이 각자 1개씩
업무 처리

∧ CPU와 GPU의 차이

'엔비디아'의 주가 상승과 인간 수명의 연관 관계

사실, 위에서 언급한 기술과 기업들은 공통점이 있습니다. 나름의 기술로 엄청난 양의 빅데이터를 확보하고 있고, 지금 이 책을 읽는 순간에도 엄청난 양의 데이터가 쌓이고 있다는 점입니다. 그렇다면 '엔비디아'의 주가 상승이 인간 수명에 어떤 영향을 미치는지 궁금해지기도 합니다.

후방을 향하는 측면 카메라
최대 거리 100m

광각 전방 카메라
최대 거리 60m

주요 전방 카메라
최대 거리 150m

협각 전방 카메라
최대 거리 250m

후방 관측 카메라
최대 거리 50m

울트라소닉
최대 거리 8m

전방을 향하는 측면 카메라
최대 거리 80m

레이더
최대 거리 160m

출처: 엔비디아 공식 블로그

▲ 테슬라의 자율 주행 감지 범위

먼저 자율 주행 자동차에 대한 이해가 필요합니다. 운전석에 운전자가 없다면, 무언가는 눈 역할을 대신해야 하고, 무언가는 손과 발의 역할을 대신해야 합니다. 그 역할을 대신하기 위해 차량 곳곳에 센서가 탑재되고, 탑재된 센서를 이용해 도로 상황, 차량과 교통 흐름 등을 인식해 차량의 위치를 정밀 지도 위에 표시합니다. 이후 수집된 데이터를 바탕으로 목적지까지 이동에 필요한 경로를 생성하고, 차량의 조향과 가·감속 제어를 통해 차량을 자율적으로 움직이게 합니다. 여기에는 주로 레이더와 카메라, GPS가 사용되고 있고, 향후 라이다(LiDAR: 3D 레이저 스캐너)나 정밀 GPS, 사고·날씨·공사·결빙 등 다양한 실시간 정보를 반영한 지도, 차량과 도로 간 통신 기술, 기타 등등 다양한 첨단 기술이 적용될 것으로 보입니다. 필자는 그중 자율 주행에 사용되는 딥러닝을 통한 인공지능 기술이 인간 수명의 연장에 큰 영향을 미칠 것으로 예상합니다. 이유는 물체와 환경, 사용자 음성 인식 및 모니터링, 차량 제어, 정밀 지도 생성 등에 '엔비디아'의 GPU가 중추적인 역할을 톡톡히 해낼 것으로 판단하기 때문입니다. CES 2016에서 '엔비디아'의 CEO인 젠슨 황은 딥러닝을 적용한 인식 기술이 88% 정도의 인식률을 보여 사람의 인식률보다 높다고 발표한 바 있습니다. 사람의 운전을 딥러닝으로 학습해 차량 스스로 자율 주행을 할 수 있게 하는 것이지요. 이듬해인 CES 2017에서 자율 주행, 사용자 모니터링, 음성 인식 모듈을 각각 탑재한 새로운 자율 주행용 인공지능 컴퓨터를 발표하기도 했습니다.

출처: tesla.com

▲ 테슬라 오토파일럿(자율 주행 시스템)

2015년 경찰청에서 발표한 교통사고 원인에 관한 통계 자료에 따르면, 과속, 음주, 운전 미숙, 부주의, 전방 주시 태만, 신호 위반, 졸음, 교통 법규 위반 등의 순으로 90%에 가까운 사고 원인이 운전자 과실이었습니다. 이는 곧, 인공지능 자율 주행 자동차가 교통사고 원인의 90%를 줄일 수도 있다는 방증이기도 합니다. 그 인공지능의 중심에 '엔비디아'가 있다는 사실이 인간 수명 연장에 영향을 미칠 것이라는 근거이기도 합니다. 블랙박스를 탑재한 차량은 보험료 5%를 할인해주고, 어린 자녀가 있는 운전자에게도 보험료를 할인해준다면, 인공지능을 탑재한 자동차에는 90%의 보험료 할인이 가능할지 궁금해지기도 합니다.

4차 산업 전반에 걸쳐 자율 주행 자동차의 등장은 유통, 물류, 금융, 쇼핑, 엔터테인먼트, 미디어, 환경 등 다방면에 큰 변화를 불러와 새로운 규칙을 만들어낼 것입니다. 필자는 바로 여기에 집중하고 있습니다. 일단, 10만 km 이상 자율 주행 자동차를 운행해봐야 새롭게 만들어질 규칙이 무엇인지 조금이나마 가늠할 수 있겠지만, 현실은 5~10km 정도의 테슬라 시운전 정도에 불과합니다. 트와이스의 음악을 듣고, 넷플릭스의 '옥자'를 관람하고, 기저귀와 분유를 '쿠팡'한 후 카카오뱅크로 공과금 납부, 긴급한 상황 대처 등과 같은 경험을 하기에는 너무 부족한 거리입니다. 그저 두 손, 두 발 놓고 조마조마한 마음을 숨겨 가며 앉아 있다가 시운전이 끝날 수도 있습니다.

그렇습니다. 자율 주행 기술은 상상조차 할 수 없을 만큼 큰 변화를 가져올 것입니다. 자율 주행 자동차를 소유한다는 건 생명의 연장을 의미하기도 합니다. 신약 개발보다 '테슬라'와 '엔비디아' 기술 개발이 인간이 오래 사는 지름길인지 모릅니다.

T/E/S/T

다음 제시된 보기 중 구글이 인수한 기업에 해당하지 <u>않는</u> 것은?

① 네스트

② 유튜브

③ 안드로이드

④ 딥마인드

⑤ 인스타그램

⊙ 정답 및 해설

• 인스타그램은 2012년 4월, 약 10억 달러에 페이스북에 인수되었다.

정답 ⑤

AR 활어, AR 소주를 낚으면
상권이 살아난다

/

· 키워드 ·

증강현실, 포켓몬 고

출처: pokemonkorea.co.kr/go/

︿ AR 포켓몬 고

2017년 1월 24일, '포켓몬 고'가 한국에 출시되던 날, 필자 역시 앱을 다운받았습니다. 이유는 딱 두 가지입니다. 첫 번째 이유는 도대체 어떤 게임이기에 글로벌 매출 1조 5,000억 원을 벌어들였는지 직접 체험해보기 위해서였습니다. 주변에 '포켓몬 고' 유경험자들에게 유료 아이템을 결제했는지 물으면 10명 중 1~2명 정도만 평균 2만 원 정도의 아이템을 구매했을 뿐, 대부분은 무료로 게임을 즐기고 있었기 때문입니다. 두 번째 이유는 딸과 함께 재미있게 놀기 위한 새로운 아이템이 필요하던 차에 포켓몬 고가 출시된 것입니다. 늘 같은 놀이터에서만 놀았던 터라 살짝 무료해지기도 했습니다.

  게임 초반 사용법을 정확히 몰랐던 필자는 딸아이와 함께 아낌없이 '몬스터볼'을 던졌습니다. 필자가 한 마리, 딸아이가 한 마리 서로 번갈아 가며 아파트 단지에 서식하는 '이상해씨', '피죤투', '뿔충이', '꼬렛', '레트라', '아보', '깨비참', '콘팡', '우츠동'과 같은 몬스터를 발견 즉시 사냥했습니다. 추운 겨울에 출시했던 터라 장갑을 벗고, 끼고를 반복하면서 말이지요. 그때 잠시 '따뜻한 봄에 출시했으면 사용자는 더 많았을 텐데….'라는 생각을 하기도 했습니다. 3일 차에 접어들었을 때 필자는 궁금했던 첫 번째 이유를 알게 되었습니다. 부족한 '몬스터볼'에 충전이 필요하다는 사실을…. 필자의 경우, 몬스터를 잡기 위해 2~3개의 볼을 소진했지만, 딸아이는 7~10개 정도의 볼을 소진하다 보니 금세 '몬스터볼'이 떨어졌던 것입니다. 딸아이는 본인 차례가 되자, 볼이 없다며 울기 시작했고 아무리 이해시키려 해도 막무가내였습니다. 충전소에 가서 충전하든, 아이템을 유료로 결제하든 선택은 두 가지였습니다. 추운 겨울인데다 우는 아이를 안고 충전소까지 가기에는 너무 무리라고 생각되어 유료 구매를 결정했습니다. 그때부터 필자는 몬스터 한 마리를 잡기 위해 약 55원에 해당하는 '몬스터볼'이 소비되는 현장을 목격하게 됩니다. 직접 결제를 하고 나서야 왜 글로벌 매출이 그리도 많았는지 비로소 알게 되었습니다. 또한 직접 증강현실 기술을 겪고 나서야 시장의 가능성을 폭넓게 이해하고 다질 수 있는 계기가 되었습니다.

AR 활어, AR 소주

요즘 필자는 몬스터를 사냥하듯 횟집이 밀집되어 있는 바다에서 온 가족이 AR 낚시를 즐기는 상상을 하곤 합니다. 예를 들면, 스마트폰을 손에 쥐고, 바다를 향해 찌를 던집니다. 진동으로 물고기의 상태를 파악하고, 화면으로 잡힌 물고기를 확인합니다. 리얼리티를 살리기 위해선 스마트폰과 블루투스로 연동되는 바늘 없는 낚싯대를 별도로 개발하여 활용할 수도 있습니다. 광어, 우럭, 참돔, 다금바리 등과 같은 물고기를 잡을 수 있고, 심지어 고래, 상어도 잡을 수 있습니다. 게임에는 어디까지나 상상력이 필요한 법이므로 거기에 맥주, 소주, 콜라, 환타, 오렌지주스, 커피, 회덮밥, 매운탕 등 주변 상권에서 쉽게 구할 수 있는 사냥감들로 구성합니다. 이들 사냥감은 모두 쿠폰처럼 교환할 수 있고, 쿠폰으로 교환된 상품의 비용은 상권과 지방 자치 단체가 나누고, 주류와 음료는 해당 기업의 협찬으로 해결합니다. 매주 금요일, 토요일 오후 5시부터 2시간 동안 진행된다면, 큰 예산 들이지 않고 남녀노소 누구나 즐길 수 있는 대한민국 최초의 AR 관광 상품이 되지 않을까 생각합니다.

ᴧ AR 낚시

이미 우리는 비슷한 상황을 경험한 적이 있습니다. '포켓몬 고'가 국내에 정식 서비스되기 전, 강원도 속초에서 몬스터가 출연한다는 소식에 많은 사람들이 속초로 몰려가 몬스터를 사냥했습니다. 당일치기 여행 상품으로 '포켓몬 고' 속초 여행이 등장하고, 쌀쌀한 날씨 덕분에 편의점에서는 핫팩, 스마트폰 터치 장갑, 급속 충전, 보조 배터리, 따뜻한 음료, 라면 등이 날개 돋친 듯 팔려 나갔습니다. 그중에서도 편의점 매출이 가장 많은 곳은 '몬스터볼' 충전이 가능한 '포켓스톱'과 가까이에 위치한 지점이었습니다.

필자는 AR 활어, AR 소주와 같은 AR 낚시에 대한 관광 상품

개발에 관심이 있는 것은 아닙니다. 중요한 건, 금맥이 발견된 것도 아니고, 온천수가 터져 나온 것도 아닌데 그 이상의 경제 효과가 발생했다는 사실입니다. 자연경관을 해치지 않았고, 탄소 배출이 발생하지도 않았으며, 대형 중장비가 동원되지도 않았습니다. 오로지 스마트폰을 손에 든 관광객만 불러들였습니다. AR 기술이 금맥, 온천수보다 더 큰 부가 가치를 만들어낼 수 있다는 사실을 증명한 것이지요. 속초를 찾았던 사람들은 단순히 재미만을 위해서였고, 남들보다 먼저 새로운 문물을 경험해보고 싶었을 것입니다.

우리가 집중해야 하는 것은 바로 이 부분입니다. 재미를 위해 찾아다녔던 경로와 먹기 위해, 마시기 위해 필요 물품을 구매하기 위해 찾았던 장소, 사용했던 결제 수단 그리고 무료 아이템을 위해서라면 자신의 시간 가치는 '몬스터볼'보다 못하다는 것을 보여준 이 모든 것들이 그들에게 데이터로 남아 있다는 사실입니다.

기술이 기술을 만들던 시대에서 데이터가 더 나은 기술을 만드는 시대에 접어들었습니다. 필자는 기술과 데이터가 결코 그들만의 세상이 아니라고 말씀드리고 싶습니다. 글로벌 기업 각각의 데이터 수집 방법과 분석 방법이 있듯이 개개인의 데이터 수집 방법과 분석 방법이 필요한 때입니다. 그들의 포켓몬이 속초에 등장했지만, 그들은 AR 기술의 가능성을 모두에게 보여주었습니다.

무료 충전 서비스보다 활어, 소주, 맥주, 콜라, 커피와 같은 AR 쿠폰 사냥이 더 매력적이라 생각합니다. 상상과 재미 가득한 한국형 AR 콘텐츠 개발에 집중했으면 합니다.

T/E/S/T

미국의 우버, 에어비앤비, 핀터레스트, 에버노트, 중국의 샤오미, 디디추싱, DJI, 한국의 쿠팡과 같이 기업 가치 10억 달러(약 1조 원) 이상의 스타트업을 가리켜 무엇이라 할까?

정답 : _____

◎ 정답 및 해설

• 뿔이 하나 달려 말처럼 생긴 전설의 동물을 '유니콘'이라 한다. 스타트업 기업이 상장하기도 전에 기업 가치가 1조 원 이상이 되는 것은 마치 유니콘처럼 상상 속에서나 존재할 수 있다는 의미로 사용되었다.

정답 유니콘 기업

VR 아바타는
프라다를 입는다

/

· 키워드 ·

페이스북 스페이스, 가상현실, 360도 카메라

사람들은 명품을 좋아합니다. 샤넬, 구찌, 프라다, 페라가모, 에르메스, 루이비통, 베르사체 등…. 아무튼 좋아합니다. 누구나 가질 수 있었다면, 명품이라 불리지 않고 일반 상품으로 불렸을 테지요. 구두 200만 원, 정장 800만 원, 벨트 30만 원, 넥타이 30만 원, 양말 100만 원…. 무슨 양말이 100만 원씩이나 하는지 의구심이 들겠지만, 캐나다 총리가 신었다는 독일 양말 브랜드인 팔케 (Falke)가 만든 비쿠냐 양말의 가격은 한 켤레 약 70만 원 정도입니다. 구찌에서 출시한 양말은 그보다 비싼 약 100만 원 정도입니다. 필자와 같은 서민에게는 구경조차 하기 힘든 비싼 상품들이지만, 3~5년 내에 꼭 명품으로 코디할 수 있다고 자신합니다. 그 이유는 다음과 같습니다.

1+1(Buy One, Get One Free)

명품 하나 사면, 하나 무료.

명품 매장 쇼윈도에 이와 같은 행사 포스터가 붙어 있다면 어떨까요? 필자가 자주 사용하는 '1+1'은 스타벅스 모바일 카드에 5만 원 충전 시 제공되는 '[BOGO] 자동 충전 감사 쿠폰'뿐입니다. 스타벅스 매장에서 파트너가 제조한 음료 구매 시 동일한 음료 1잔을 무료로 제공하는 쿠폰이지요. '명품은 절대 그런 행사를 하지 않을 거야.'라고 생각할 수 있을 것입니다. 필자 역시 그렇게 생각합니다.

하지만 '1+VR1'이라면 이야기가 달라집니다. 가상현실에 등장하는 자신의 아바타(Avatar, 가상 인격)를 꾸밀 수 있도록 'VR 아바타용 명품 아이템'이 증정되는 것이지요. 물론 VR용 명품 아이템을 별도 구입할 수도 있습니다. 오프라인 매장에 걸린 상품보다 저렴하게 판매된다면 말이지요.

방법은 다음과 같습니다. QR코드가 인쇄된 영수증 혹은 상품 태그, 온라인 광고 배너를 통해 VR 아이템을 얻을 수 있고, 전자상거래 사이트에서 실제 상품을 검색하고 VR용 아이템 구매 버튼을 통해 얻는 것이지요. 필자가 이에 집중하는 이유는 크게 네 가지입니다.

첫째, 2017년 4월 페이스북 'F8' 행사에 소개된 '페이스북 스페이스' 서비스입니다. 소개된 영상을 보면, '오큘러스 리프트' VR 헤드셋을 착용한 후, 가상현실로 연결된 사용자가 자신의 모습과 똑

닮은 아바타를 통해 동시간에 연결된 아바타 친구들을 만납니다. 그곳에서 사용자는 친구들과 만나 손을 흔들며 인사하고 장소를 수시로 바꿔 가며 이런저런 대화를 합니다. 가상현실 공간에서 사진도 찍고, 곧바로 페이스북에 공유할 수도 있습니다. 360도로 실시간 촬영되는 장소라면 바다, 산, 우주, 사막, 놀이공원 어디든 바꿔 가며 소통하고 공유할 수 있습니다.

출처: 페이스북 스페이스 영상 캡처

∧ 페이스북 스페이스

　이미 우리는 미니 홈피 '싸이월드'를 경험한 적이 있습니다. 원하는 배경의 이미지와 음악을 유료로 구매한 후 꾸미거나 자신을 상징하는 아바타를 멋지게 꾸미기 위해 아낌없이 아이템 구매 결제 창을 열었던 경험 말입니다. 그때와 차이가 있다면, 가상현실에 등장하는 아바타는 자신의 신체 사이즈와 얼굴 생김새를 똑같이 연출할 수 있다는 것입니다. 물론 멋진 아이돌, 우아한 배우, 강렬한 스포츠 선수처럼 연출할 수도 있겠지요. 오프라인 명품 매장에서 구입한 옷과 신발, 이와 똑같은 VR 아이템 증정으로 가상현실에서 프라다를 입을 수도 있습니다.

둘째, 3D 카메라 기술 향상과 인공지능입니다. '싸이월드'가 2D 이미지였다면, 3D 카메라의 등장으로 자신의 신체 사이즈, 얼굴 형상을 3D로 구현할 수 있습니다. 정확한 신체 사이즈 측정은 온라인 쇼핑 시장의 확장을 의미하기도 합니다. 반송 없는 의류, 신발, 속옷의 구입이 용이해지고, 이와 같은 고객 데이터를 확보하기 위한 헬스케어 시장의 경쟁이 더욱 가속화될 수 있습니다.

자신과 닮은 VR 아바타의 등장은 인공지능 실시간 통역 기능까지 더해져 외국인 친구들과의 교류도 더욱 활발해질 수 있습니다.

셋째, 수익을 극대화하기 위한 기업들의 마케팅 전략입니다. 사실, 가상현실은 기업들의 PPL(간접 광고)을 위한 공간으로 매우 효과적이라 할 수 있습니다. 예를 들어, 새로운 놀이기구를 설치한 테마파크 놀이공원에서 무료 VR 배경을 제공할 수도 있고, 화성에 있는 VR 도미노피자, VR 스타벅스 매장에 방문할 수도 있습니다. 또한 호텔에서 열리는 클럽 파티에 360도 카메라가 설치되어 실시간 촬영되고, 이곳을 가상현실로 연결하여 자라(Zara) 혹은 H&M의

VR 신규 협찬을 받아 참석할 수도 있습니다. 협찬 의상을 입고 클럽 파티에 참석한 모든 이들이 모델이 되는 셈이지요. 그들이 사진을 찍어 SNS에 공유하면 그야말로 최소 비용으로 마케팅 효과를 극대화할 수 있습니다. 물론, 협찬된 VR의상은 계속 소유할 수도 있고, 일주일의 유효 기간이 설정될 수도 있습니다.

그뿐만 아니라 BMW를 구매한 고객에게 VR용 BMW 아이템이 제공되고, 좋아하는 연예인의 VR 아바타를 구매하여 자신의 아바타와 나란히 배치할 수도 있습니다. 저스틴 비버가 남친이 되고, 앤 해서웨이가 여친이 되는 것이지요.

넷째, 상징적인 의미에서 VR 아바타 명품을 예로 들었지만, 가상현실 기술이 일상화된다면 신분 상승한 VR 아바타만큼은 부자 코스프레로 소통하고자 하는 이들이 많아질 것이라 생각합니다. 화려하게 꾸며진 개성 가득한 아바타의 등장은 기업들이 제공하는 아이템의 규모를 넘어설 것으로 생각합니다. 그 이유는 크라우드 소싱과 공유 그리고 블록체인(P2P) 거래입니다. 쉽게 말해, VR용 아이템 디자인이 가능한 사용자가 개성 넘치는 자신만의 아이템을 개발, 플랫폼에 등록하여 판매할 수 있습니다. 특정 기업의 아이템 수보다 크라우드 소싱을 통한 아이템 수가 훨씬 많아질 수 있고, 동시에 SNS를 타고 실시간으로 공유되면서 선택 가능한 아이템도 많아질 수 있습니다.

블록체인(P2P) 거래란, 사용자 간의 VR 아이템 거래를 말합니다. '1+VR1'로 증정받은 VR 프라다가 싫증 난 사용자가 중고 아이템 매물로 저렴하게 판매할 수도 있고, VR 샤넬백 아이템을 소유한 사용자와 교환할 수도 있습니다. 블록체인 기술이 투명하고 정직한 거래를 뒷받침하는 것이지요.

앞서 언급한 'F8' 행사에서는 '페이스북 스페이스' 기술뿐만 아니라 다양한 기술 및 서비스가 소개되었습니다.

- 페이스북 스페이스
- 텔레파시
- 카메라 효과 플랫폼
- AR 스튜디오
- AR 안경
- 페이스북 서라운드 360
- 인공지능 비서 서비스 'M'

하나하나 소개하기에는 필자의 작문 스킬이 부족합니다. 하지만 세계 최대 소셜 네트워크 기업의 기술 개발 방향과 중·장기적인 발전 방향에 대해서는 50% 정도만 받아들이고, 나머지 40%는 타 기업들의 기술과 융합하고, 나머지 10%는 자신만의 상상으로 융합하는 데 집중하기 바랍니다.

세상 모든 지식을 데이터로 흡수한 4차 산업혁명 시대는 자꾸만 당신의 상상력을 흡수하려고 합니다. 그 상상력이 당신을 풍요롭게 할 수 있습니다.

4차 산업혁명의 핵심 인프라로 꼽히는 이것은 비트코인 같은 전자화폐 그리고 금융, 의료, 행정 서비스, 사물 인터넷 등 다양한 분야에 적용되어 안전하고, 투명한 서비스를 지원할 것으로 기대되는 기술이다. 이것은 무엇일까?

정답 : _____

ⓖ 정답 및 해설

• '분산원장'이라고도 불린다.

정답 블록체인(Blockchain)

핀테크 시대,
탄소 배출에 집중하라

· 키워드 ·

간편 결제, 예측 운송, 탄소 배출, 핀테크, 자율 주행

늘 비슷한 시간대에 엘리베이터에서 마주치는 택배 기사님이 있습니다. 자주 마주치다 보니 인사를 건네기 시작했고, 지금은 서로 안부도 묻곤 합니다. 한 번은 밤 10시가 넘는 시간에 엘리베이터에서 마주쳤습니다.

"아이고, 아직도 배송 중이세요?"

"갈수록 물량이 많아져서 어쩔 수 없어요. 앞으로 더 많아질 거 같아요."

필자가 사는 아파트 단지에서만 하루 10대가 넘는 택배 차량을 발견합니다. 그런데 그중 쿠팡 택배 차량을 자주 발견합니다. 일명 '쿠팡맨'으로 불리는 택배 기사님께 하루 몇 번 저희 아파트에

배송하시냐고 물었더니 오전·오후 두 차례 혹은 세 차례 배송하기도 한다고 합니다. 필자 역시 쿠팡에서 자주 쇼핑을 하는데, 쇼핑을 하게 된 계기는 아내 때문이었습니다. 한 번은 다음 날 아침에 사용할 기저귀를 구매하기 위해 밤 11시에 쿠팡에 기저귀를 주문했습니다. 필자는 이르면 내일 오후, 늦어도 모레쯤 배송될 것으로 예상했는데, 다음 날 아침 10시쯤 집 앞으로 배송된 기저귀를 보고 무척 놀랐습니다. 이후 유아용품을 자주 주문하다 보니 자연스럽게 쿠팡에 익숙해졌습니다. 아내는 주로 곤히 잠든 아기를 품에 안고 한 손으로 스마트폰을 보며 쇼핑할 때가 많았습니다. 결제는 비밀번호 여섯 자리로 간편하게 해결했습니다.

한 손으로 쇼핑하고,

한 손으로 구매하고,

한 손으로 결제하고,

로켓 배송까지

앞서 언급한 택배 기사님의 말씀이 떠올랐습니다.

"앞으로 더 많아질 거 같아요."

간편 결제

미국 맥도날드에서 빅맥 세트를 구매하거나 나이키 매장에서 농구화를 구매하면, 애플페이로 결제할 수 있습니다. 아이폰 홈 버튼에 손가락을 올려놓고, NFC 리더기에 가까이 가져다 대기만 하면

됩니다. 물론, 지문 인식이 가능한 아이폰이어야 하고, 매장에는
별도의 NFC 리더기가 설치되어 있어야 합니다. 그래서 중소 매장
에서는 사용이 어려울 수 있습니다.

미국에는 애플페이, 페이팔, 중국에는 알리페이, 위챗페이, 그
리고 한국에는 삼성페이, 네이버페이, 카카오페이가 대표적이라
할 수 있습니다. 중국의 경우 QR코드 방식의 결제 시스템이 널리
사용되고 있습니다. 언급한 바와 같이 거지도 알리페이, 위챗페이
를 사용할 정도입니다.

반면, 한국은 필자를 포함한 대다수의 사람들이 신용카드와 각
종 간편 결제를 골고루 사용합니다. 사실, 갤럭시 스마트폰 사용자
들의 삼성페이가 가끔 탐나기도 하지만, 결제를 위해 1~2회 정도
터치 횟수가 많아질 뿐, 크게 불편한 점은 없습니다. 문제는 신용
카드의 분실 가능성입니다. 현금 없는 경제와 신용카드 없는 경제
가 동시에 이루어졌으면 하는 바람입니다.

간편 쇼핑, 주문

알리바바는 2019년 11월 11일 00시부터 24시간 동안 타오바오
(淘寶)와 톈마오(天猫·티몰), 티몰 글로벌(해외 브랜드 전용), 알리 익
스프레스, 허마셴성, 라자다, 카올라 등 알리바바의 국내외 쇼핑
플랫폼에서 총 거래액이 2,684억4,405만 위안(약 44조6,000억 원)
에 달합니다. 이 거래액은 지난해 11월 11일 하루 거래액(2135억 위

안)보다 25.7% 증가한 수치입니다. 구매·배송 건수도 12억9,200만 건으로, 지난해(10억4,200만 건) 대비 23.9% 늘어난 수치이며 역대 최대 건수로 기록되기도 했습니다. 놀라운 사실은 90% 이상이 스마트폰 주문이었고, 주문 후 결제 방식은 대부분이 알리페이였습니다.

한국은 어떨까요? 한 조사에서 보고한 내용에 따르면, 세계에서 인터넷 쇼핑이 가장 활발한 나라가 한국이라고 합니다. 스마트폰에 익숙한 30~40대가 주 소비를 이루고 있는데, 이는 1인 가구와 맞벌이 가정이 증가하면서 배달 식품과 상품에 대한 거부감이 줄어들었기 때문이라는 분석입니다. 또 야근과 주말 특근으로 지친 직장인들이 잠들기 전, 소파나 침대에 누워 간편하게 쇼핑하게 된 생활 패턴의 변화도 요인 중 하나입니다. 결국, 누워서도 한 손으로 쇼핑 – 주문 – 결제가 가능해진 것입니다.

예측 운송, 빠른 배송

간편 쇼핑, 간편 주문, 간편 결제의 과정을 거치면 빠른 배송이 이를 완성합니다. 빠른 배송에는 간편 결제보다 더 많은 기술이 필요합니다.

일단, 빅데이터 분석을 통한 예측 운송이 있습니다. 예를 들어, 두 달에 한 번씩 기저귀와 물티슈, 분유를 주문하는 고객의 패턴을 파악합니다. 두 달 후 주문할 가능성이 높다고 판단되면, 배송지와 가까운 물류 센터에 미리 상품을 가져다 놓습니다. 4톤의 물품을 실은 5톤 차량에 예측된 물품 1톤을 채워 미리 보내는 식이지요. 6톤의 물량을 실어 보내야 한다면 추가로 운송 차량을 배치해야 하기 때문에 비효율적입니다. 이 과정에서 비용 절감 효과와 20% 이상의 생산성이 향상됩니다.

크기별, 무게별로 깨질 우려가 있는 상품별로 일일이 사람의 손으로 포장해야 하고, 이를 다시 배송 지역별로 분류하고, 옮기고, 트럭에 싣고, 고객의 집까지 배송하는 과정이 10시간 동안 매일 이루어지는 것입니다. 눈이 내리면, 배송은 더욱 어려워지겠지요.

▲ 간편 결제, 빠른 배송

간편 쇼핑 – 간편 주문 – 간편 결제 – 빠른 배송 결국은 심플과 스피드가 쇼핑 시장의 파이를 키우고 있습니다. 그만큼 빨리 배송해야 할 물량도 증가하고 있다는 이야기겠지요. 필자가 집중하는 부분이 바로 여기입니다. 배송 물량이 많아지면, 배송 차량의 이동 횟수가 증가하고, 이로 인해 배송 차량이 내뿜는 탄소 배출량이 증가한다는 것입니다. 대부분의 배송 차량이 경유를 사용하고, 제대로 관리되고 있지 않다는 점도 탄소 배출 증가 요인 중 하나입니다.

문제는 앞으로의 쇼핑과 결제 환경입니다. 가상현실과 증강현실 기술의 발달로 쇼핑 환경은 더욱 다양해질 것이고, 지문 인식, 홍채 인식, 얼굴 인식과 같은 생체 인식 보안 기술의 발달로 결제는 더욱 간편해질 것입니다. 핀테크 시대, 탄소 배출에 집중해야 하는 이유는 바로 이 때문입니다.

핀테크 다음은 자율 주행 자동차

다행인 것은 자율 주행과 전기 자동차에 대한 국제적인 관심이 커지고 있다는 사실입니다. 그뿐만 아니라 우버와 같은 차량 공유 기업들이 배송 서비스 사업까지 뛰어들면서 탄소 배출 감소에 대한 기대를 하게 합니다. 빅데이터 분석으로 최소한의 이동 거리를 제시하고, 맛있는 먹거리를 일반 자전거와 전기 자전거로 배송하면서 새로운 일자리 창출에까지 기여하고 있는 것입니다.

글로벌 자동차 산업 시가 총액 1위 기업인 테슬라의 첫 흑자는 자동차 판매 수익이 아닌 '탄소 배출'이었습니다. 화석 연료를 사용하지 않는 전기 자동차 테슬라가 판매될수록 탄소 배출권 판매량도 늘어나 수익도 증가할 수 있었기 때문입니다.

핀테크 시대 탄소 배출에 집중해야 했다면, 다음은 자율 주행 자동차의 상용화에 다시 집중해야 할지 모릅니다. 두 손, 두 발, 전방 주시가 자유로워지면, 운전자는 이동하는 차 안에서 무엇을 하게 될까요? 스타벅스 테이블에서 4시간째 원고를 쓰고 있는 필자는 자율 주행 자동차 안에서 또 다른 원고를 쓰고 있을지 모릅니다. 2시간 후에 배송될 닭볶음탕 재료를 쇼핑-주문-결제하고 난 이후에 말이죠.

T/E/S/T

'무작위로 섞인 사진에서 인공지능이 고양이와 강아지를 구분한다.'

제시된 보기 중 적용된 AI 기술은 무엇일까?

① 딥페이스

② 바이오 매트릭스

③ 로보어드바이저

④ 스트리밍

⑤ 머신러닝

◎ 정답 및 해설

- 딥페이스: 페이스북이 적용한 기술, 친구 사진을 올렸을 때 자동으로 얼굴을 인식해 태그를 달아주는 기능
- 바이오 매트릭스: 생체 인식 시스템
- 로보어드바이저: 로봇과 투자 전문가의 합성어, 시장 환경에 따라 로봇이 자산을 관리해주는 자동화 서비스
- 스트리밍: 인터넷에서 데이터를 실시간 전송, 구현할 수 있게 하는 기술
- 머신러닝: 컴퓨터 스스로 방대한 데이터를 분석해서 미래를 예측하는 기술

정답 ⑤

주방 없는 하우스

· 키워드 ·

1인 가구, 혼밥, 배달 공유, 퍼스널 모빌리티

1인 가구 혹은 맞벌이

"집에서 밥은 거의 해 먹지 않아요. 늘 아침 일찍 출근해서 저녁까지 먹고 오는 날이 많거든요."

"맞벌이를 하다 보니 집에서 같이 밥 해 먹을 일이 거의 없어요."

"아침은 거의 먹지 않거나 가끔 시리얼을 먹어요. 전날 빵집에서 아침에 먹을 빵을 사서 먹기도 하고요."

"장을 볼 때는 햇반이나 라면, 참치, 즉석국, 냉동 만두, 과일, 음료, 맥주 등 주로 간편식 위주로 사요."

"요즘 편의점 도시락이 저렴하고, 맛있고, 간편해서 자주 사먹어요. 집밥보다 나아요."

"주말에는 거의 라면에 햇반, 짜파게티에 달걀후라이, 피자 시켜서 그냥 대충 먹어요."

"지난번에 백종원 씨 요리 프로그램을 보고 해 먹어보려고 장을 봤는데, 그냥 나가서 사 먹는 게 나을 뻔했어요. 필요한 재료들은 조금인데 필요 이상으로 구매해야 하고, 남은 재료들은 결국 못 먹고 다 버렸어요."

혼자 사는 사람들은 그렇습니다. 귀찮아서, 복잡해서, 번거로워서, 직접 해 먹기 귀찮아서 '배달의민족', '요기요', '배달통' 앱으로 주문하고, 나가는 게 귀찮아 '맥딜리버리', '롯데리아 홈서비스'에서 8,000원 이상 버거 세트 주문하고, 반죽하고 숙성하고 치즈를 넣고 오븐에 넣는 것이 번거로워 '도미노피자'에 통신사 할인으로 피자를 주문합니다. 분명 인터넷 레시피대로 따라 했는데, 맛이 없다고 투덜대면서 결국 햇반에 카레를 얹는 사람들. 스포츠 뉴스를 보며 캔맥주에 새우깡을 먹고, 뉴스가 끝날 무렵 드라마 광고가 시작되면 괜히 그냥 스마트폰 홈 버튼 눌러 잠금 해제하고 그러다 어느덧 심야 모바일 쇼핑 삼매경에 빠지는 사람들….

냉장고는 점점 대형화되고 똑똑해지는데 그들은 작고, 귀엽고, 멋진 냉장고를 선호하고, 주부들이 지하 1층에서 장을 볼 때 그들은 지상 10층 카페에 앉아 커피에 조각케이크를 즐깁니다. 가스레인지는 가스가 싫다 하고, 레인지후드는 시끄럽다 하고, 설거지가 싫어 간편하게 데워 먹는다 하고, 빨래 건조대에 일일이 펴서 말리기 귀찮아 세탁 후 건조 기능을 기본으로 설정하는 사람들….

혼자 사는 사람들 혹은 맞벌이하는 사람들에게 과연 주방이 필요할까요?

주방이 없다

출처: 토발라 홍보 영상 캡처

▲ "토발라 스마트 오븐"(QR코드 자동 요리 오븐)

'주방이 없다. 싱크대, 가스레인지, 가스오븐, 레인지후드도 없다.'

싱크대 대신 오픈 세면대가 멋스럽게 자리 잡고, 가스레인지를 대신해 인덕션이 항상 불펜(Bullpen: 구원 투수가 투구 연습을 하는 곳)에서 대기 중이며, 가스오븐을 대신해 700W 가정용 전자레인지가 24시간 대기 전력 소비해 가며 간편식을 맞이할 준비를 하고, 레인지후드를 대신해 거실 한 켠에 있는 공기 청정기가 1인 가구만의 향기를 수시로 정화합니다. 거실 테이블 위에 놓여진 '아마존 에코(음성 인식 인공지능 스피커: 국내에는 SKT '누구', KT '지니')'는 사라진 주방의 역할을 보조하며 음성으로 주문을 이해하고, 결제까지 대신합니다.

주방이 사라진 공간에는 에너지 충전이 필요한 물품들이 길게 줄을 서서 대기합니다. 전동 킥보드, 전동 휠, 드론, 노트북, 태블릿 PC, 핸디 선풍기, 휴대용 배터리, 스마트 워치, 스마트 밴드 등 자전거 보관대에 놓기도 애매한 전동 킥보드, 전동 휠이 현관문 앞에서 긴 줄 멀티탭 뽐내가며 어수선하게 대기 중이고, 나름의 에너지 충전을 요하는 소물·사물·요물 스마트 기기들이 공간의 가치를 결코 스마트하지 못한 상황으로 이끌면서 주방 자리를 엿보고 있습니다.

그렇습니다. 혼자 살기 위한 생활 환경이 너무도 잘 갖추어져 가고 있습니다. 눈치 보지 않고 당당히 식당에서 다양한 1인 메뉴를 주문하고, 밥 한술에 모바일 검색, 밥 한술에 짤방, 밥 한술에 SNS, 밥 한술에 카카오톡까지 어느덧 식사 끝. 과거 집에서는 혼자 먹어도 2인분을 주문했지만, 최근에는 고급스런 1인 메뉴가 유기농, 다이어트, 건강 식단 간판을 달고 1인 주문 배달 메뉴의 질을 높였습니다. 그뿐인가요. 배달이 되지 않는 맛집만의 인기메뉴를 '배민라이더스'가 배달 수수료 동반하며 기꺼이 배달의 민족

임을 자처하고, 환경까지 고려한 '우버 이츠'가 전기 자전거를 내세우고 일자리 늘려 가며 맛집 메뉴 배달 사업에 스스로 메기 효과(막강한 경쟁자의 존재가 다른 경쟁자의 잠재력을 끌어올리는 효과)를 외쳐대며 당당히 등장했습니다. 한 끼를 먹더라도 우아하게 즐기고픈 골드미스·미스터들은 유명 셰프의 고급 요리를 간편식으로 즐기며 와인으로 입가심을 합니다.

1인 가구가 주로 거주하는 오피스텔에 주방이 사라진다면, 침실이 사라진다면, 욕실이 사라진다면 아마도 스마트한 기술과 기기들이 그 자리를 대신하며 산업의 파이를 키우고, 일자리도 증가하는 긍정적인 효과를 이끌어낼 수 있지 않을까 생각해봅니다. 스마트한 세상에서는 비울수록 가득해집니다.

2016년 7월 소개된 이것은 전 세계에서 6억 건 이상의 다운로드를 기록하여 큰 인기를 끌었다. 지리 정보 서비스 기반의 증강현실 게임으로, 국내에서는 '포케코노미', '포세권' 등의 신조어까지 만들었던 이것은 무엇일까?

정답 : _____

@ 정답 및 해설

• 닌텐도의 자회사인 '포켓몬컴퍼니'와 구글의 자회사 '나이앤틱'이 공동 개발했다.

정답 포켓몬 고

구글은 추억,
페이스북은 과거를 먹고 산다

· 키워드 ·

페이스북, 구글포토, 페이스 히스토리

페이스북 '과거의 오늘'

'5년 전 오늘 ○○○님과 함께한 추억이 있습니다.'

매일 페이스북이 전해주는 소소한 즐거움 중 하나는 '과거의 오늘'이라는 알림 서비스입니다.

7년 전 오늘, 5년 전 오늘, 1년 전 오늘 게시했던 사진과 내용을 가장 먼저 보여줍니다. 당시 함께 어울렸던 친구 혹은 가족들과의 추억이 사진 한 장으로 새록새록 떠오릅니다. 늘 습관처럼 페이스북 앱을 열었다가 '과거의 오늘'을 볼 때면, 당시 게시했던 사진과 내용을 보며 한참을 페이스북에 머물러 있습니다.

출처: ko.newsroom.fb.com

▲ 페이스북 '5 YEARS AGO TODAY'

출처: 구글포토

▲ 구글포토 '추억 속 오늘'

　　필자는 2010년 페이스북을 처음 시작했습니다. 페이스북을 시작하고 얼마 동안은 열심히 활동했던 기억이 있습니다. 사용자 간의 사진을 구경하며 '좋아요'를 누르고, 댓글을 달며 좋은 게시물을 공유하는 재미가 쏠쏠했습니다. 그냥 통화하거나 카톡 메시지를 주고받으면 될 일인데, 게시물에 남긴 댓글과 다시 댓글에 달린 댓글이 왜 그렇게 기다려지고, 반가웠던지…. 물론 지금도 가능하지만, 언제부턴가 사용자 간의 사진 구경, 댓글보다 언론과 미디어, 기업들의 홍보 게시물에 더 관심을 가지게 되었습니다. 즐겨보는 페이지는 우선 보기 모드로 설정하고, 마음에 드는 게시물은 저장

해두었다가 나중에 다시 꺼내보기도 합니다. 그렇게 몇 년이 흐르면서 필자와 궁합이 잘 맞는 페이지의 게시물을 매일 확인하는 횟수가 많아지고, 페이스북에 직접 게시하는 일과 사용자 간 게시물을 확인하는 일도 점차 관심 영역에서 멀어져 갔습니다. 그 대신 사용자 간 사진 구경과 네트워크는 인스타그램과 카카오스토리로 옮겨 갔습니다.

구글포토 '추억 속 오늘'

구글포토는 2011년에 시작되었습니다. 평소 신문이나 잡지, 책, 모바일 앱에서 접하는 좋은 기사들을 아이폰으로 촬영하는 필자는 백업용으로 구글포토를 사용해 왔습니다. 그러다 2014년도에 딸아이가 태어나면서 동영상과 사진을 촬영하는 횟수가 늘어났고, 그때부터 딸아이 사진과 가족 여행 때 찍은 사진을 그날그날 와이파이로 연결해 업로드하곤 했습니다. 1년여가 지났을 때쯤 구글포토는 페이스북보다 섬세하고, 따뜻한 감성이 담긴 '추억 속 오늘' 서비스를 보여주었습니다. 재미있는 사진이 여러 개 구성된 '콜라주', 멋스러운 배경 음악이 깔린 뮤직비디오 스타일의 '영화', 짧은 움직임을 재미있게 구성한 '애니메이션', 이처럼 인공지능이 만든 콘텐츠가 꾸준히 편집되고, 구성되어 추억과 재미를 전달해주었습니다.

구글포토의 얼굴 인식률은 99.96%라고 합니다. 어떤 인물 사진을 올려도 귀신같이 동일한 인물을 찾아냅니다. 필자는 바로 이 점에 집중하고 있습니다. 100%에 가까운 얼굴 인식 기술에서 파생되는 보안, 고객 관리, 추천 서비스와 같은 비즈니스 시장에 집중하기보다 딸아이의 일생이 구글포토에 기록되면서 파생될 미래 10년, 20년의 비즈니스 말입니다. 구글포토는 기껏해야 필자의 최근 5~7년의 일생을 기록했지만, 올해로 7살이 된 딸아이는 태아 때부터 지금까지의 모든 사진이 기록되어 있습니다. 우리 가족만큼이나 잘 알고 있다고 볼 수 있지요.

AR 구글포토

필자는 가끔 다음과 같은 상상을 하곤 합니다.

20년 후 성인이 된 딸아이가 쇼핑몰 근처를 지나자, 그 건물이 과거 자신이 태어났던 병원이었다는 사실을 구글포토가 증강현실로 보여줍니다. 또는 친구들과 일본으로 여행을 가자, 15년 전 가족과 함께 방문했던 장소와 사진을 비교해 보여주고, 그와 똑같은 포즈로 촬영하도록 권유합니다. 친구들과 구글포토를 공유하면, 사진 속 GPS와 현 위치를 파악해 한 달 전 먼저 다녀갔던 친구의 사진을 증강현실로 보여주고, 친구가 알려준 맛집의 위치까지 증강현실 내비게이션으로 안내합니다.

페이스 히스토리

구글포토에 가장 기대를 걸고 있는 서비스는 '페이스 히스토리 (Face History)'입니다. 그냥 필자가 임의로 이름을 지어봤지만, 내용은 이렇습니다.

100%에 가까운 얼굴 인식 기술을 바탕으로 '페이스 히스토리' 버튼을 누르면, 월(Month) 단위 혹은 연(Year) 단위로 대표되는 얼굴 사진을 정리하여 변화된 모습을 보여줍니다. 마치 27년간 조미료 '다시다' 제품의 광고 모델로 활약한 배우 김혜자 씨의 "고향의 맛", "그래, 이 맛이야"의 광고 변천사를 20초 타임랩스로 보는 것처럼 말이죠. 웃는 얼굴, 찡그린 얼굴, 무표정 얼굴 등을 따로 편집해 메신저 이모티콘으로 제공하기도 하고, 전 세계 구글포토 사용자들 중 가장 닮은꼴의 사진을 추천해 보여주기도 합니다. 스위스에 사는 닮은꼴 사용자와 서로 채팅도 하고, 친구가 될 수도 있겠지요. '챗봇'이 실시간 통역을 무료로 해주니까요.

그렇습니다. 이처럼 딸아이가 앞으로 살아갈 세상을 현존하는 기술을 바탕으로 상상해보면 무엇을 버려야 하고, 무엇을 알아가야 하며, 무엇을 만들어 가야 하는지 어느 정도 감을 잡을 수 있습니다. 자유형, 배형, 접영처럼 즐기는 수영도 좋지만, 당장의 생존 수영을 먼저 익혀야 즐기는 수영도 만끽할 수 있듯이 생존에 필요한 영법과 도구, 기술에 어떤 것들이 있는 먼저 알아 가는 나름의 방법도 필요합니다.

구글과 페이스북은 사용자들의 변화를 꾸준히, 세심하게 체크하고, 수집하고, 분석해 활용하고 있습니다. 그렇다면, 나름의 방법은 확실해졌습니다. 구글은 추억, 페이스북은 과거를 먹고 산다고 생각하면, 앞으로의 생존 스킬은 미래에 대한 상상력, 생각에 생각을 더하는 그 생각을 현실에 접목하는 스킬이 가장 우선시되어야 합니다. 앞으로의 스킬은 그래야 합니다.

인간은 추억할 수 있지만,
기술은 추억할 수 없습니다.

인간은 경험하지만,
기술은 데이터를 축적합니다.

인간에게 기술은
추억할 수 있는 도구일 뿐입니다.

T/E/S/T

다음 중 '개인이 개인에게' 해주는 대출이라는 뜻으로, 돈을 빌릴 사람이 중개업체를 통해 대출을 신청하면 불특정 다수 투자자가 십시일반 돈을 모아 빌려주는 금융방식은 무엇인가?

① 엠페사

② P2P 대출

③ 핀테크

④ 로보어드바이저

⑤ 블록체인

⊚ 정답 및 해설

- 엠페사(M-PESA): 2007년 아프리카 케냐의 이동 전화 사업자 사파리콤이 도입한 모바일 금융 거래 시스템. 통신사가 동네 작은가게를 가맹점으로 확보하고, 소비자가 가맹점에 현금을 낸 후 휴대전화 문자 서비스로 거래 상대방에게 송금할 수 있는 시스템
- P2P 대출: Peer to Peer
- 핀테크: 금융(Finance)과 기술(Technology)의 합성어
- 로보어드바이저: 로봇을 뜻하는 '로보(Robo)'와 투자 조언자를 의미하는 '어드바이저(Advisor)'의 합성어
- 블록체인: 네트워크로 연결된 수많은 PC를 체인처럼 연결해 블록화된 개인 정보를 보관하는 것

정답 ②

PART

03

테슬라와 아마존을 알면
데이터 금융이 보인다

데이터 수집 · 분석 그리고 대안

세상은 콘텐츠를 필요로 하는데, 사람들은 스펙을 준비합니다. 스펙은 기술적으로 풀어 갈 수 있지만, 콘텐츠는 사람만이 풀어 갈 수 있습니다. 당신만이 풀어 갈 수 있는 콘텐츠가 필요한 때입니다.

잡텐:
평생 열 가지 직업을 가져라

첫 직업에는 스펙이 필요하지만, 평생 직업에는 무엇이 필요할까요?
답하기 어렵다면, '잡텐'이 그 대안이 될 수 있습니다.

평생 열 가지 직업을 갖는다는 것은 10개의 무기를 장착하고
전쟁터에 나가 싸우는 것과 같습니다. 은퇴 직전까지 20년 이상

사용했던 농익은 무기로는 한계가 있습니다. 세상은 드론과 로봇, 정보(빅데이터), 확인 사살(알고리즘 기술)이 가능한 최첨단 무기를 갖추고 있습니다. 지금의 부모와 자녀는 총, 칼이 아닌 데이터로 싸우는 세상을 살아가야 합니다. 새로운 무기(직업)가 절대적으로 필요한 때입니다.

지금 당신의 직업은 몇 가지입니까?

당신의 자녀는 어떤 직업을 가지게 될까요?

어떤 직업이 사라지고, 어떤 직업이 생겨날까요?

앞으로 사라지게 될 직업에 대해 미리부터 걱정하고, 우려할 필요는 없습니다. 그렇다고 새롭게 생겨날 직업에 관심을 가져야 할 필요도 없습니다. 단지, 변화에 빠르게 적응할 수 있는 자신만의 스킬이 필요할 뿐입니다. 당신이 가지게 될 미래의 직업은 아직 세상에 등장하지도 않았습니다. 그렇기 때문에 더 많은 기회가 열려 있습니다. '잡텐'이 그 기회를 놓치지 않을 좋은 수단이 될 것이라 믿으며, 그 방법에 관한 나름의 노하우를 전하고자 합니다. 먼저 직업에 대한 몇 가지 희망사항과 고려사항, 에피소드를 소개합니다.

#1 직업은 그래야 한다

찹스테이크 브런치에 커피 한 잔의 여유를 일주일에 두 차례 이상 즐길 수 있을까?

TV 속에 등장하는 해외 유명 맛집을 찾아 다음날 곧바로 여행에 나설 수 있을까?

추운 겨울에는 하와이, 괌, 오키나와에서 더운 여름에는 시원한 나라에서 생활할 수 있을까?

한 달 10일 정도 일하고, 앞서 언급한 모든 바람을 실현할 수 있는 그런 직업은 없을까?

앞으로 가져야 할 직업은 그래야 합니다.

충분히 즐길 수 있어야 충분히 집중할 수 있으니까요.

#2 여유 좀 가지면 사치일까?

"팀장님, 김대리하고 잠깐 나가서 브런치 좀 먹고 오겠습니다."

"부장님, 스타벅스에 가서 신문 좀 보고 오겠습니다."

당신의 부하 직원이라면 받아들일 수 있을까요?

당신이라면 브런치를 먹거나 스타벅스에 다녀올 수 있을까요?

이와 같은 질문에 꼭 이런 답변을 하는 이들이 있습니다.

"주변에 스타벅스가 없어요."

"근처에 브런치를 파는 곳이 없어요."

"롯데리아는 있는데…."

"저희 회사는 신문 안 봐요."

이런 사람들, 국민연금이 고갈된다는 소식에 속만 태우다 죽을 지어다.

외부 출장 핑계 삼아 브런치와 스타벅스는 가능할지 모르지만, 맨 정신에 이렇게 이야기할 수 있는 용기 있는 직장인은 많지 않을 것입니다. 런치타임은 보장하되 브런치 타임까지 보장하는 회사 또한 많지 않을 거라 생각합니다. 칼출근은 엄격하게 통제하면서 칼퇴근은 느슨한 그들의 직업은 '직장인'입니다.

직장에서 이와 같은 여유는 진정 사치일까요?

회사 입장에서는 사치로 간주될 수 있지만, 직원 입장에서는 여유가 될 수 있습니다. 객관적으로 생각해보면 직원 복지가 좋은 기업, 배려 깊은 회사로 비춰질 수 있습니다.

이와 같은 사치는 많아져야 합니다.

지금 우리에게는 사치가 많은 직업이 필요합니다.

#3 출근 후 조간 신문

출근 후 1시간 정도 조간 신문을 읽는다면, 인터넷 신문 스크롤 하며 국내외 흥미로운 기사들 찾아본다면, 전날 있었던 예능 짤방, 드라마 짤방, 뉴스 짤방, 스포츠 짤방, 게임 짤방을 일일이 시청한 다면, 업무 중 딴짓일까요?

대다수는 죄를 짓는 기분이거나 한가롭게 신문이나 읽는다는 핀잔이 무서워 시도조차 못할 것입니다.

결코 딴짓이 아닙니다.

노키아가 무너진 이유는 중학생도 압니다. 트렌드에 둔감했기 때문입니다. 개인용 컴퓨터를 만들고 MP3 기기를 만들던 애플이 휴대폰을 만든다고 했을 때, 세계 1위 휴대폰 제조 기업 노키아는 '휴대폰의 표준은 노키아다.'라며 가볍게 웃어넘겼습니다. 기술 개발만큼이나 중요한 것은 트렌드에 익숙해지는 것입니다. 미래의 흐름을 알아야 이에 맞는 기술 개발과 투자가 가능해지니까요.

미래 먹거리를 찾는 중이라면, 그 시작은 트렌드에 익숙해지는 것이고, 익숙함의 시작은 출근 후 조간 신문이 되어야 합니다.

#4 빨리 회사 가고 싶다

"빨리 회사에 가고 싶다."

(직장인) "회사에 빨리 가고 싶다고? 제정신이야?"
(취업 준비생) "회사라도 다녀봤음 좋겠다."
(정년 퇴직자) "뭐라도 했으면 좋겠다."

직장을 가진 자와 가지지 않은 자, 그리고 가졌던 자의 생각이 이처럼 판이합니다. 빨리 회사에 가고 싶다는 이야기에 공감하는 답변은 좀처럼 듣기 어렵습니다. 단지, 회사에 빨리 가고 싶다고 말했을 뿐인데 말이지요.

참 쉬운 말인데, 참 어려운 말이 되어 버렸습니다.

#5 그런 직업, 그런 직장

첫째, 돈 많이 주는 그런 직장

둘째, 정년퇴직이 보장되는 그런 직장

셋째, 직원 복지가 좋은 그런 직장

넷째, 정시 퇴근 종용하는 그런 직장

그런 직업의 선택 기준이 필요한 시기에 그런 직장의 선택 기준을 먼저 떠올리는 사람들이 많습니다. 그렇다면 그런 직업의 선택 기준은 무엇일까요?

첫째, 무인 자동차로 이동하는 차 안에서 생산성을 높일 수 있는 그런 직업인가?

둘째, 자동차·의류·물품·집·먹거리 등을 소유하지 않고 공유하면서 유지할 수 있는 그런 직업인가?

셋째, 알파고가 하지 못하는 그런 직업인가?

그런 직장 많지 않습니다.

하지만 그런 직업에 얼마든지 대비할 수는 있습니다.

#6 직업을 물으면 직장을 말한다

"실례지만, 무슨 일 하세요?"라고 물으면,

"○○회사에 다닙니다."라는 답변을 더 많이 듣습니다.

그마저도 대기업이나 이름이 알려진 기업에 다니는 이들이 그렇습니다.

"거기서 무슨 업무를 담당하고 계시나요?"라고 물으면, 소속 부서를 이야기합니다. 원하는 답변은 한 번 더 물어야 들을 수 있습니다.

바리스타 자격증을 가진 사람이 스타벅스에서 일한다면 그는 "스타벅스에 다닌다"라고 소개하는 반면, 커피숍을 창업한 사람은 자신이 "바리스타"라고 소개합니다. 오랜 시간이 흘러 다시 직업을 묻습니다. 스타벅스에서 퇴사한 사람은 여전히 "스타벅스에 다녔다"고 소개하고, 커피숍을 창업했던 사람은 여전히 자신을 "바리스타"라고 소개합니다. 둘은 똑같은 바리스타인데 말이지요.

직업은 80세가 되어서도 현역이 될 수 있지만, 직장은 80세가 되면 그들의 소비자가 됩니다.

#7 자생(自生)긴 사람들

자수성가한 이들에게 직업은 없습니다. 직업란에 굳이 적는다면 대다수는 사업가라고 적습니다. 이력서를 작성한 적은 없지만, 받아본 적은 있습니다. 면접에 응했던 경험은 없지만, 누군가의 면접관이었던 적은 있습니다.

외모가 잘생긴 사람에게는 잘생겼다고 말합니다. 바르게 잘 자란 이들에게는 잘 컸다고 말합니다. 젊은 친구들은 잘생긴 이들에게 끌리고, 젊었던 친구들은 바르게 잘 자란 이들에게 끌립니다.

그렇다면, 그런 매력을 가진 이는 누구일까요?

스스로 노력해서 성공한 그런 사람

어려운 환경에서도 꿋꿋하게 견뎌낸 그런 사람

그럼에도 불구하고 굴하지 않고 밀어붙여 이뤄내고야 마는 그런 사람

그렇게 일궈낸 부와 명예를 나누는 그런 사람

그런 사람, 스스로의 삶을 잘 가꿔온 '자생(自生)긴 사람들'입니다.

"고녀석, 참~ 자생겼네."

#8 잡텐 후보, 박진영

그의 외모를 닮고 싶은 것은 아닙니다. 그는 자생긴 사람이지 잘생긴 사람이 아닙니다. 그는 다양한 직업을 가졌습니다. 댄서, 가수, 작곡가, 작사가, 안무가, 프로듀서, 사업가, 작가(저서『미안해』, 2008) 등 알려진 직업만 해도 벌써 여덟 가지입니다. 진정한 팔방미인이지요.

1972년생, 데뷔 20년이 넘었는데도 그는 여전히 현역으로 활동 중입니다. 필자가 임명하는 잡텐 1호의 주인공이 그였으면 합니다. 이유는 간단합니다. 직업으로 가진 모든 분야에서 꾸준히 수익이 발생하고 있고, 100세가 되어서까지도 수익이 발생할 가능성이 높기 때문입니다. 그는 그의 직업을 '딴따라'라고 말합니다.

연간 벌어들이는 수입을 정확하게 가늠할 순 없지만, 그중 일부는 사회 활동을 하지 않아도 발생할 것이고, 일부는 정기적으로 발생할 것이고, 나머지는 불규칙적으로 발생할 것입니다.

많은 직장을 가진 자와 많은 직업을 가진 자의 차이가 여기 있습니다. 결국, 오랫동안 수익을 발생시킬 수 있느냐와 그동안 벌었던 수입을 얼마나 오랫동안 유지할 수 있느냐의 차이인 것입니다. 단순 비교라 생각할 수 있지만, 많은 직업에서 파생할 수 있는 선택의 폭이 넓은 것만은 사실입니다.

#9 직업란 10개

이제 갓 입사한 신입사원에게 직업란 10개를 제시해봤습니다.

5분의 시간이 주어지고 제시된 직업란을 작성합니다. 2개 정도 작성했을 때쯤 무엇을 적었는지 살펴보면, 대다수는 입사한 회사명을 적습니다. 직업란에 직업을 적어야 하는데, 직장명을 적은 것입니다. 신입사원에게 종종 발견되는 현상입니다. 그들은 직업이 아닌 직장을 얻기 위해 노력했던 것입니다.

그때쯤 꼭 물어오는 질문이 있습니다.

"알바도 쓰나요?"

"고등학생에게는 국영수 과외하고, 초등학생에게는 코딩 과외를 했는데, 나눠 써도 되나요?"

"돈은 안 받았는데, 그것도 직업이라 할 수 있나요? 아빠 일인데, 오래 했거든요. 아파트 상가에서 과일 장사를 하셨는데 아침 일찍 트럭 타고 가락동 도매시장에 가서 경매도 해봤어요."

그 친구는 그 스토리로 지금 회사에 입사했다고 말합니다. 취업 준비생이던 시절, 이력서에 남과 다른 자신만의 스토리로 어필하라는 조언을 잊지 않고 자신의 스토리를 있는 그대로 담았던 것이지요. 이를 직업으로 쓰자니 고민이 되어 물어 왔던 것입니다. 그는 두 번째 직업란에 '과일 장사'를 적었습니다. 그리고 대다수는 10개의 직업란을 모두 채우지 못했습니다.

당신의 직업과 스펙을 적어보세요.

직 업 란		스 펙 란	
1		1	
2		2	
3		3	
4		4	
5		5	
6		6	
7		7	
8		8	
9		9	
10		10	

∧ 직업란, 스펙란 10개

이번에는 스펙란 10개를 제시해봤습니다. 주어진 5분의 시간이 채 되기도 전에 이미 스펙란은 채워져 있었고, 몇몇은 칸이 부족했습니다. 스펙의 차이는 분명했지만, 이들이 가진 첫 직업은 모두가 똑같은 직장인이었습니다.

물론 그들에게 10개의 직업을 기대한 것은 아닙니다. 단지 그들이 가진 재능을 얼마나 깊이 있게 알고 있는지 확인하고 싶었습니다. 그 재능이 다양한 직업으로 발전할 수 있다는 사실을 조금씩 알아갈 때쯤 정년퇴직이 되지 않았으면 하는 바람입니다.

#10 잡텐 후보, 안철수

그는 의사였습니다. 의사는 아픈 사람을 치료하지만, 그는 아픈 컴퓨터를 치료했습니다. 사람을 치료하면 의사, 동물을 치료하면 수의사라 하겠지만, 아픈 컴퓨터를 치료하면 무엇이라 불러야 할까요? 당시만 해도 아픈 컴퓨터를 치료한다는 개념은 낯설었습니다.

그런 그가 아픈 컴퓨터를 전문으로 치료하는 병원을 세웠습니다. 정확하게 말하면 바이러스에 걸린 컴퓨터를 전문으로 치료하는 '안철수 연구소'입니다. 바이러스에 걸린 컴퓨터를 치료하고 수익을 발생시킬 수 있다고 판단한 것입니다. 물론 처음부터 수익 창출을 목표로 했던 것은 아닙니다. 오히려 바이러스에 걸린 컴퓨터를 무료로 치료하는 재능기부의 역할이 더 컸습니다. 하지만 오랜 시간 꾸준히 재능기부만 하기에는 무리가 있었습니다. 갈수록 빠르고, 강하게 변형되는 바이러스에 대처하기 위해 늘 새로운 백신이 필요했고, 새로운 백신 개발을 위해 지속적인 연구가 필요했기 때문입니다. 좋은 일도 시간과 비용이 필요했던 것이지요. 그가 사업가의 길로 접어들게 된 이유가 여기 있습니다. 지금 그의 병원은 대한민국 대표 컴퓨터 바이러스 전문 병원이 되었고, 일반 대중에게 무료 백신 서비스를 제공하고 있습니다.

사람과 컴퓨터의 아픈 곳을 치료하던 그가 지금은 정치를 치료하겠다며 나섰습니다. 의사, 교수, 작가, 사업가까지 지냈던 그가 지금은 국회의원, 당 대표가 되었습니다. 그의 직업은 대략 여섯 가지입니다. 바이러스에 걸린 대한민국 경제를 치료하고, 동시에 새롭게 변형되어 발생하는 바이러스에 미리 대처하는 대한민국을 만들겠다는 다짐으로 보입니다. 그의 일곱 번째 직업에 자꾸만 관심이 갑니다.

먹고 살기 위한 직업 조건이 있다면, 나눔을 위한 직업 조건도 있다는 사실을 미래 직업군에 포함시켰으면 합니다. '안랩 V3 무료 바이러스 백신'처럼 말이지요.

잡텐: 미래 직업은 아직 검색되지 않는다

다양한 음식을 먹다 보면, 다양한 재료를 접하게 됩니다.
맛있는 음식을 먹다 보면, 신선한 재료를 접하게 됩니다.
향토 음식을 먹다 보면, 독특한 문화를 접하게 됩니다.
좋아하는 음식을 먹다 보면, 좋은 생각을 하게 되고, 좋은 사람을 만나게 되고, 좋은 추억을 가지게 됩니다. 다양하고 맛있고 신선하고 독특한 음식은 그 조리법에 자꾸만 관심을 가지게 하고, 그 관심이 지속되면 새로운 맛을 찾게 되고, 찾다 보면 직접 시도하게 되고, 시도하다 보면 새로운 음식이 탄생합니다. 익숙한 재료는 익숙한 맛을 연상케 하지만, 새로운 조리법은 새로운 맛을 기대하게 합니다.

기술은 그런 것입니다. 4차 산업혁명 역시 그런 것입니다. 익숙한 기술에 새로운 조리법이 가미되었을 뿐입니다. 사라질 가능성이 높은 직업군으로 분류된 목록을 살펴보면, 대다수는 익숙한 기술과 스펙이 필요한 직업입니다. 텔레마케터, 회계사, 변호사, 부동산중개인, 의사, 약사, 택시기사, 경기심판, 보험판매원, 은행원, 경리, 등이 이에 해당합니다. 반면, 새로 생겨날 직업군으로 분류된 목록을 살펴보면, 검색되지 않는 경우가 많습니다. 대부분은 인공지능, 로봇에 대체되기 힘든 직업군 정도로 분류될 뿐, 새롭게 생겨날 직업에 관해 언급하기는 쉽지 않을 것입니다.

그렇습니다. 미래 직업은 아직 검색되지 않습니다. 아직 존재하지 않습니다. '잡텐'은 그저 익숙한 기술과 스펙으로 다양한 직업군에 도전하고, 시도하면서 새로운 직업에 필요한 독특하고 맛있는 조리법을 개발하는 것입니다. 결국은 '직업의 융합'을 의미하는 것입니다. 사라질 직업군에 변호사가 포함되었지만, 온라인상에서는 능력과 성과, 만족도가 투명하게 반영된 변호사 순위가 오히려 법률 시장의 파이를 키우고, 새로운 영업 방식의 변화를 가져왔습니다. 직장은 사라질 수 있습니다. 직업은 변화될 수 있습니다. '잡텐'에 꾸준히 도전하는 마음으로 4차 산업에 대비했으면 합니다.

키워드 다이어리

일류 기업은 자꾸만 데이터를 수집합니다.
분류하고, 분석하면서 가치를 높입니다. 우리에게는 데이터가 필요합니다.
일류를 꿈꾼다면 그래야 합니다.

▲ 키워드 다이어리 표지

테슬라와 아마존을 알면 데이터 금융이 보인다

^ 키워드 다이어리 작성

키워드 다이어리

앞에 제시된 그림은 초창기 키워드를 수집하기 위해 작성했던 양식입니다. 필자는 이를 '키워드 다이어리'라고 부릅니다.

필자는 10년 넘게 키워드 위주로 다이어리를 작성하고 있습니다. 대부분 비즈니스와 생활 트렌드에 영향을 미치는 키워드입니다. 매해 월 단위로 정리된 키워드는 업무와 생활에 매우 큰 도움이 됩니다. 일종의 '퍼스널 빅데이터'인 셈이지요. 그렇게 수집된 키워드를 필자만의 방식으로 분석하고, 정리하여 미래 가능 산업을 스케치합니다. 지금 쓰고 있는 이 책도 그동안 작성한 '키워드 다이어리'를 바탕으로 구성했습니다.

키워드를 수집하는 데에는 여러 가지 방법이 있습니다. 우선 다양한 매체에 대한 접근이 필요합니다. 이는 크게 유료와 무료, 온라인(모바일)과 오프라인 매체로 나뉘고, 텍스트(기사)와 이미지, 동영상 등의 콘텐츠로 세분화됩니다. 매달 결제되는 신문, 잡지, 신간 서적 등이 유료 매체에 해당하고, 네이버, 페이스북, 유튜브 등이 무료 매체에 해당합니다. 키워드는 주로 신문 기사의 제목에서 발췌할 때가 많지만, 제대로 이해하기 위해서는 이미지와 동영상 콘텐츠를 많이 활용해야 합니다. 앞서 언급했던 '맥세권', '스세권', '다세권' 등이 키워드에 해당하고, '아마존 고'와 같은 키워드와 동영상이 이해하는 데 도움이 됩니다. 그러면 '키워드 다이어리' 작성법에 관해 먼저 알아보겠습니다.

마이 키워드 (My keyword)	그날 하루 자신에게 일어났거나 실천했던 일들을 하나의 키워드로 요약하여 작성한다.
코리아 키워드 (KOREA keyword)	그날 하루 한국에서 일어났던 사건 · 사고 혹은 기억에 남을 만한 무언가에 관해 키워드로 작성한다.
월드 키워드 (WORLD keyword)	그날 하루 한국을 제외한 나라에서 일어난 기사를 살피고, 이와 관련된 내용을 요약하여 키워드로 작성한다.
투모로우 키워드 (TOMORROW keyword)	어제, 오늘, 과거에 작성했던 키워드를 바탕으로 내일 예상되는 키워드를 작성한다.

마이 키워드

졸업, 생일, 승진, 만남, 여행, 맛집, 사랑, 축하, 배려, 기타 등 하루 동안 본인에게 일어난 일들을 키워드로 정리합니다. 우울한 키워드보다 행복하고, 즐거웠던 키워드가 좋습니다. 되도록이면 평범한 키워드보다 그날 하루를 곧바로 떠올릴 수 있을 만큼 독특한 키워드가 좋습니다. 이전에 작성한 키워드와 중복되어서는 안 된다는 이야기입니다. 중복되는 키워드가 많다는 건 당신의 삶이 정체되어 있다는 방증이기도 합니다.

코리아 키워드

그날 뉴스와 신문, SNS를 꾸준히 확인합니다. 모든 기사를 정독할 필요는 없지만, 좋아하는 분야의 기사만큼은 꼼꼼히 챙겨봐야 합니다. 만약 좋아하는 분야가 없다면, 모든 기사에 삽입된 이미지와 제목 위주로 읽기를 권합니다. 필자의 경우, 정치와 사건·사고, 스포츠, 주식, 바둑, TV 프로그램 등의 내용은 이미지와 제목 위주로 가볍게 읽어 넘깁니다. 그래서 9시 뉴스를 제 시간에 챙겨보지 않습니다. 대신 취침 전, 네이버에 업로드된 MBC, KBS, SBS, JTBC 등 방송사별 뉴스를 골라 시청합니다. 방송사별 기사를 일일이 확인하기 번거로울 것 같지만, 중복되는 내용의 기사가 많고, 관심 없는 기사는 빨리 넘겨볼 수 있다는 점에서 유익한 정보를 더 많이 얻을 수 있습니다. 또한 뉴스에 달린 댓글을 통해 타인의 생각도 엿볼 수 있어 키워드 수집에 도움이 됩니다. 정치, 경제, 문화, 예술, 기술, 과학, 사회 구조·제도 등 변화와 관련된 신조어가 등장하면, '코리아 키워드'에 작성합니다. 신조어는 그 당시 모든 상황을 대변하고, 상상하게 만드는 매력이 있기 때문입니다.

월드 키워드

다른 접근이 필요합니다. 사실, 필자가 가장 집중하는 분야기도 합니다. 해외(특히, 미국)에서 진행되는 선진 문화, 기술이 평균 3년 정도가 지나면 국내에 적용되는 사례가 많아 꾸준한 관심이 필요합니다. 영어로 작성된 기사가 국내 뉴스 플랫폼에 곧바로 번역되어 게재되지 않기 때문에 직접 해외 기사를 일일이 찾아 읽어야 합니다. 물론 영어가 익숙하다면 필자처럼 구글 번역기, 크롬 브라우저의 도움을 받지는 않겠지요. 오랜 경험에서 비롯된 참고하기 좋은 앱과 사이트 몇 개를 독자 여러분께 소개하고자 합니다.

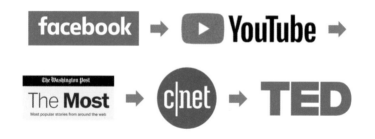

▲ 월드 키워드 작성을 위한 참고 앱 및 사이트

아무리 바빠도 위에서 언급한 앱과 사이트는 꼬박꼬박 순서대로 확인합니다.

'페이스북'의 경우, 10분 정도만 스크롤하며 집중해 읽어도 엄청난 양의 정보를 얻을 수 있습니다. 다른 사용자가 작성한 댓글과 조회수, '좋아요'를 보면서 타인의 관심사도 관찰할 수 있습니다.

'유튜브'의 경우, 구독으로 설정했던 채널 위주로 매일 혹은 주간 단위로 확인합니다. 필자가 구독으로 설정한 채널들은 다음과 같습니다.

▲ TGIF – TAAA – UXN

'유튜브'의 장점은 영어를 몰라도 영상만으로 50%를 이해할 수 있고, 자체적으로 제공하는 자막과 번역 기능으로 20%를 더 이해할 수 있습니다. 나머지 30%는 며칠 뒤 국내에서 보도되는 관련 기사나 블로그 등을 통해 채웁니다. 그래도 10~20%는 이해하기 어려울 때가 많지만, 그럴 때면 상상력으로 채우려고 노력합니다. 그게 영어를 익히는 것보다 더 유리하기 때문이지요. '더 워싱턴 포스트'의 경우, 가장 집중해서 보는 해외 언론사입니다.

아마존 창업자 제프 베조스가 인수해 더 관심이 가는 언론사기도 하지만, 그의 인수 후 기사로 불렸던 모든 것들이 콘텐츠로 불리기 시작했습니다. 구독 기사에서 구매 기사로, 또 참여 가능 기사에서 참여 가능 콘텐츠로 불리게 된 것이지요. '더 워싱턴 포스트'를 알기 전까지는 타임지나 뉴욕 타임스, CNN 등과 같은 버거운 기사를 읽고 이해하기 위해 늘 많은 시간을 소비했지만, 지금은 그럴 필요가 없습니다. '더 모스트(The most)' 카테고리에서 글로벌 주요 언론사가 비중 있게 다루는 기사 아홉 가지를 선별해 쉽고, 간결하게 구독할 수 있는 사용자 환경을 제공하기 때문입니다. 한곳에서 모든 기사 쇼핑이 가능한 백화점과 같은 곳입니다.

'씨넷'은 최신 글로벌 IT 정보를 짧고, 굵고, 리얼하게 직접 테스트를 통해 동영상으로 알려주는 고마운 앱입니다. 유튜브 채널에서도 확인할 수 있지만, 별도의 앱으로 설치하여 수시로 확인합니다.

'테드'를 교육 강좌 수준으로 생각하는 이들이 많지만, 실제로는 그렇지 않습니다. 글로벌 트렌드에 발 빠르게 대응하면서 관련된 전문가 혹은 창업자를 직접 섭외하여 경험담까지 들려주는 고마운 앱입니다. 평균 10분 내외로 구성된 영상들은 6,102개(2020년 7월 기준)에 이르는 방대한 강좌들에 한글 자막 서비스를 제공합니다. 모든 영상을 시청해야 할 필요는 없습니다. 단, 시청보다는 새롭게 업로드된 강좌와 분야, 주제 등을 꼼꼼히 살피면서 흐름을 익히는 데 중점을 두어야 합니다. '테드' 기준의 트렌드를 파악하는 것이 더 유익할 수 있기 때문입니다.

투모로우 키워드

키워드 다이어리의 마지막인 투모로우 키워드는 매우 신중하게 작성해야 합니다. 오랫동안 축적했던 키워드를 바탕으로 내일 예상되는 키워드를 작성해야 하기 때문입니다. 어차피 내일이 되면, 전날 예상했던 키워드를 확인할 수 있기 때문에 빠른 피드백을 받을 수 있다는 점에서 많은 도움이 됩니다. 피드백을 통한 수정 · 보완 작업이 많을수록 완성도는 높아지고, 가치는 상승하기 마련이니까요. 예를 들면, 내일 오전 메이저리거 류현진 선수의 선발 등판 경기가 예고되어 있다면, 승리할 것인지 패할 것인지 예측해보고, 그에 대한 나름의 근거를 제시해봅니다. 탈삼진은 몇 개, 피안타는 몇 개, 실점은 어느 정도인지, 상대팀도 나름대로 분석해보는 것입니다. 이와 같은 예측 패턴이 익숙해지면 구글, 애플, 아마존, 페이스북, 삼성, 기타 글로벌 기업이 개발한 기술이 상용화되었을 때 예상되는 상황을 어렵지 않게 예측하고, 대비할 수 있게 됩니다. 내일이 아닌 중 · 장기적인 시각으로 세상을 바라보는 눈을 가지게 되는 것입니다.

위클리 키워드 다이어리

그렇게 1년이 지나면, 365페이지의 키워드 다이어리가 축적됩니다. 하루 평균 5개 이상의 키워드가 작성되기 때문에 1년 후면, 2,000개가 넘는 키워드를 확보할 수 있습니다. 문제는 수년이 지났을 때, 일일이 확인하기가 어렵다는 단점이 있습니다. 그래서 필자는 한 장으로 요약이 가능한 페이지를 별도로 만들었습니다. 이름하여 '위클리 키워드 다이어리'입니다. 한 주를 대표하는 하나의 키워드를 추리고, 한 달 4개, 1년 48개의 핵심 키워드를 별도로 정리합니다.

KEYWORD DIARY	WEEK KEYWORD				
	1주	2주	3주	4주	5주
1월					
2월					
3월					
4월					
5월					
6월					
7월					
8월					
9월					
10월					
11월					
12월					

▲ 위클리 키워드 다이어리 작성

한 장으로 요약된 한 해의 키워드는 연도별로 확인하기 쉽고, 요약하는 과정에서 다시 한 번 한 해의 트렌드를 파악할 수 있다는 점에서 매우 유용합니다.

노련해진 키워드 다이어리

오랜 시간이 지나면 키워드 수집은 자연스럽게 습관이 됩니다. 매일 키워드 다이어리를 작성하지 않아도 꼭 필요한 핵심 키워드만 기록하는 노하우가 생기고, 아이폰에 메모하는 요령까지 생기게 됩니다. 다음은 지난 몇 년간 아이폰 메모 앱에 필자가 기록했던 키워드 다이어리의 일부입니다.

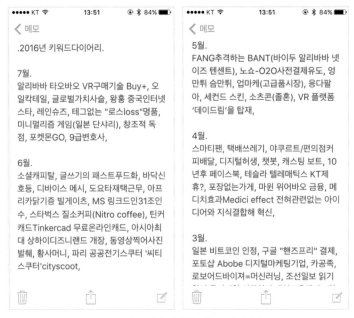

▲ 2016년 필자가 작성한 키워드 다이어리

제시된 그림처럼 매우 간결해지고, 수시로 작성이 가능해지면서 키워드의 질도 높아졌습니다. 미팅이나 상담, 특강 등과 같은 일정을 진행하기 전에 '키워드 다이어리'를 가볍게 읽고 나면 매우 만족스러운 결과를 얻을 수 있었습니다. 그중 필자가 가장 많이 언급했던 키워드 10개를 소개합니다.

'우버 모멘트(Uber moment)'_2016년 1월에 작성한 키워드

2009년 창업한 차량 공유 서비스 기업인 '우버'가 미국, 유럽, 인도 등에서 기존 택시 산업을 위협하고 있는 현상을 빗대어 탄생한 용어로, '새로운 기술이나 기업의 등장에 따라 기존 산업의 체제가 완전히 바뀌고 위협받는 순간'을 의미한다.

'업사이클링(Up-cycling)'_2015년 5월에 작성한 키워드

버려지는 물품을 재활용하는 리사이클링(Recycling)과는 다르다. 여기에 새로운 디자인과 희소성 그리고 사회적 가치가 결합해 원래 물품의 가격보다 비싸게 팔린다. 대표적인 기업으로 스위스 브랜드 '프라이탁(Freitag)'이 있다. 트럭용 방수 천막과 에어백, 자동차 안전벨트 등을 재활용해 가방을 만든다. 비가 많이 내리는 스위스에서 질기고, 단단하면서 방수가 잘되어 인기가 높다.

'레테크(Lego Investments)'_2015년 4월에 작성한 키워드

'레고'와 '재테크'의 합성어로, 국내에서 1991년도에 12만 원대에 출시된 '레고'가 25년이 지난 지금, 200만 원이 넘는 가격대에 판매되고 있다. 그나마 나오는 물량도 많지 않다. 아이들을 대상으로 판매되면서 장난감으로 취급받던 '레고'가 어른이 된 지금의 소

비자층 사이에서 마니아가 된 것이다. 비슷한 의미로 '샤테크(샤넬
＋재테크)'가 있다.

'허니버터칩 효과'_2015년 1월에 작성한 키워드

필자도 1년여가 지나서야 맛볼 수 있었던 '허니버터칩'. 직접 구
매하기 어려워 비슷한 맛을 뽐내던 다른 유사한 과자들을 구매했
다. 필자와 같은 소비자가 많았던지 감자로 만든 과자의 매출이 급
상승했다. '꿩 대신 닭'인 셈이다. 매출 순위 1위를 고수했던 '허니
버터칩'의 공급이 수요에 미치지 못하자, 유사 과자들이 매출 순위
1~4위를 차지하기도 했다. 이를 두고 '허니버터칩 효과'라 부른다.

'숙성 구두'_2014년 7월에 작성한 키워드

멀쩡한 구두를 땅속에 6개월 이상 묻는다. 6개월 후에 꺼낸 구
두는 세척 작업과 밑창을 새로 교체하여 소독한다. 이렇게 제작된
구두의 가격은 2,000~4,000만 원에 판매된다. 일반인들의 시각
에선 썩은 구두로 보일 수 있지만, 장인들의 시각에선 독특한 무늬
와 색감을 가진 디자인이다. '실바노 라탄지(Silvano Lattanzi)'라는
이탈리아 명품 구두 브랜드 이야기다. 하루 일곱 켤레만 제작하고,
제품 완성까지 1년여가 걸린다. 물론 100% 수작업이다. 김치나 치
즈처럼 숙성시킨다는 의미에서 '숙성 구두'라고 한다.

'문샷 사고(Moonshot thinking)'_2014년 1월에 작성한 키워드

'달 보려고 망원경 만들지 말고, 직접 달에 가보자.'

미국의 실리콘밸리에서는 단순히 생각하는 단계에 머물지 않고 이를 곧바로 실행하는 능력, 불가능해 보이는 혁신적 사고를 실제로 만들어 나가는 것을 '문샷 사고'라 일컫는다.

'소 힘줄 콘돔'_2013년 11월에 작성한 키워드

소프트웨어 개발로 세계 최고 부자가 된 빌 게이츠가 뜬금없이 차세대 콘돔 개발 사업 지원에 나섰다. 공모전을 통해 당선된 '소의 힘줄로 만든 콘돔'이다. 사람의 피부와 비슷해 착용감이 거의 없다고 한다. 또한 사람의 체온에 의해 수축되는 특성을 지녀 콘돔을 만들면 최적의 착용감을 줄 수 있다고 한다. 포장 개봉과 동시에 바로 착용할 수 있어 어두운 장소에서도 쉽게 착용할 수 있단다. 빌 게이츠는 산아 제한과 에이즈 예방을 위해 이와 같은 자선 사업을 벌인다.

'우주여행'_2013년 6월에 작성한 키워드

약 2억 5,000만 원이면 우주여행을 갈 수 있다. 수십 년간 모은 전세 자금을 모두 빼면, 6분간 우주여행을 할 수 있다. '버진 갤럭틱'에서 제작한 민간 우주선 '스페이스쉽 2(SpaceShipTwo)' 이야기다. 지구에서 110Km 상공으로 올라가 약 6분간 지구의 아름다움을 만끽할 수 있다고 한다.

'방탄 가방'_2012년 12월에 작성한 키워드

미국 샌디훅 초등학교 총기사고 이후, 방탄 어린이용 가방 매출이 급증했다. 또다시 이런 일이 발생하면, 그땐 방탄 가방으로 막으라는 것이다. 국내에서도 비슷한 일이 있었다. 수갑을 풀고 달아나는 일이 두 차례 발생하자, 스마트 수갑을 개발한 것이다. 수갑이 풀리면, 경고음이 울리고 자동으로 출입문이 잠기는 시스템이다.

'갑고대을'_2012년 10월에 작성한 키워드

과거에는 '갑대고을'이었다. 고등학교 진학 담당 교사들이 학생들을 대학교에 진학시키기 위해 직접 발로 뛰며 영업 아닌 영업을 했다. 최근 들어 학생 수가 줄어들면서 입장이 바뀌었다. 대학교 교수들이 직접 고등학교를 찾아다니며 자신이 소속된 대학교로 학생들을 입학시키기 위해 영업 아닌 영업을 하고 있는 것이다. 이를 일컬어 '갑고대을'이라고 한다.

8GB: 퍼스널 빅데이터

채우는 것만큼 어려운 것은 나누는 것이고, 나누는 것만큼 어려운 것은 비워내는 것이다. 사람마다 축적할 수 있는 생각의 양은 다르다. 필자의 생각의 양은 8GB이다. 그래서 축적된 키워드와 아이디어가 초과하면 늘 비워내야 한다. 비워내는 과정에서 또 한 번 되새기고, 과거와 현재의 키워드를 조합하면서 새로운 키워드를 만들어내기도 한다. '퍼스널 빅데이터' 수집에서 '퍼스널 알고리즘'이 만들어지는 것이다.

글로벌 기업들은 지금 이 글을 읽는 순간에도 엄청난 양의 데이터를 수집하고 있습니다. 부자는 데이터를 수집한다고 말씀드렸습니다. '키워드 다이어리'를 통해 당신이 축적할 수 있는 생각의 양을 측정하고, 당신만의 빅데이터와 알고리즘을 만들어 나갔으면 합니다.

1인 1로고(브랜드) 만들기

/

브랜드에는 마케팅이 필요합니다.
이름으로 단 하나뿐인 로고를 만들었다면,
자기소개서 대신 마케팅 전략이 필요한 브랜드가 탄생한 것입니다.

PERSON
◼LOGO

재미있는 에피소드 하나가 있습니다. 햄버거를 사달라고 조르는 5살 아이와 먹이고 싶지 않은 엄마가 실랑이 중이었습니다. 엄마가 문득 좋은 생각이 떠올랐다며 아이에게 제안을 합니다. 종이와 펜을 건네주며 햄버거를 영어로 쓰면 사주겠다고 합니다. 당연히 쓰지 못할 거라 생각한 것이지요. 당황할 줄 알았던 아이가 너무

쉽다는 듯 순식간에 적어 보입니다. 종이에 적힌 내용을 확인한 엄마는 놀라움과 기특함에 햄버거를 사주고 말았습니다. 아이는 종이에 맥도날드 로고인 'M'을 그렸던 것입니다.

2017년에 발표된 글로벌 브랜드 가치 순위를 살펴보면, 맥도날드는 12위에 자리하고 있습니다. 맥도날드 로고가 햄버거와 동일시될 만큼 아이에게 각인되어 있다는 사실이 12위를 말해주는 듯합니다. 롯데리아를 자주 방문했다면, 과연 아이가 햄버거를 'L'이라고 적었을까 궁금해지기도 합니다.

필자는 가끔 이런 생각을 합니다. 5,000만 국민 모두가 각자 하나씩 로고(브랜드)를 가진다면 어떨까?

그 로고(브랜드)가 특허청에 정식 등록된 저작권을 인정받는 로고라면 어떨까?

그렇게 되면 미술 시간에 그린 그림의 뒷면에 '3학년 2반 OOO' 대신 로고를 사용하고, 교복 명찰 대신 이름과 로고를 함께 표기하고, 제출한 리포트 바닥글에 로고를 삽입할 수 있을 텐데…. 맥도날드 로고가 햄버거를 연상케 하고, 애플 로고가 스티브 잡스를 연상케 하듯이 개성과 매력을 로고를 통해 어필할 수 있을 텐데….

∧ 필자가 딸의 이름으로 만든 로고와 활용 사례

필자는 딸아이의 성별이 확인된 이후, 아내와 함께 이름을 짓고 로고를 만들었습니다. 음각과 양각으로 로고를 디자인한 후, 크기별로 구성해 컬러 스티커 용지에 인쇄하고 딸아이의 물품에 붙여주었습니다. 어린이집, 유치원, 초등, 중등, 고등, 대학생, 사회인 딸아이에게 이름은 곧 '브랜드'입니다.

방법은 이렇습니다. 국민 모두가 1인 1로고 특허(저작권) 등록에 필요한 바우처를 제공받습니다. 로고 개발은 직접 디자인할 수 있고, 전문가 혹은 전문 업체에 의뢰할 수도 있습니다. 완성된 로고는 한 줄의 의미를 작성한 후 PC와 모바일 앱으로 간편하게 등록하고, 이후 중복되거나 유사한 디자인은 없는지 확인하고 정식으로 보호받는 로고로 등록됩니다. 로고를 디자인하고, 등록하고, 실제 사용하는 과정에서 새로운 문화가 형성되고, 이는 곧 SNS를 통해 빠르게 전 세계로 퍼져 나갈 수 있을 것이라 예상합니다. 티셔츠, 모자, 목걸이, 귀고리, 양말, 신발 등 디자인이 가능한 모든 분야에 자신의 로고가 사용되고, 자신만의 스타일을 연출함으로써 개개인의 새로운 데이터가 무한하게 생산될 수 있습니다. 그뿐만 아니라 직접 뜨개질한 목도리와 손장갑, 옷, 3D 프린터로 제작한 장난감, 휴대폰 케이스, 컵, 숟가락, 젓가락 등 자신만의 창작물에 로고를 부착해 판매할 수 있는 상품으로 만들 수도 있습니다. 스마트폰 카메라로 로고를 촬영하면 해당 SNS 페이지나 블로그, 사이트로 연결되고, 이어 다른 상품까지 구매할 수 있습니다.

초창기 SNS는 사람에서 사람으로 이어지는 방식을 표방했지만, 큰 수익을 발생시키지는 못했습니다. 반면, 지금의 SNS는 사람에서 매체로 이어지는 방식을 통해 큰 수익을 발생시키고 있습니다. '1인 1로고'가 자리 잡게 된다면, 사람과 사람, 사람과 매체 그리고 브랜드가 가미된 P2P 거래가 융합된 비즈니스 형태로 새롭게 등장할 가능성이 높습니다.

필자는 '1인 1로고'가 4차 산업에 적합한 대안이 될 수 있다고 생각합니다. 자신이 작성한 글·그림, 촬영한 사진·동영상, 출력된 3D 디자인, 기타 창작된 모든 것이 마지막 로고 삽입으로 완성되고, 보호받을 수 있기 때문입니다. 대한민국 국민인 동시에 브랜드가 되고, 비즈니스가 되는 것이지요.

Foreign Copyright:
Joonwon Lee
Address: 3F, 127, Yanghwa-ro, Mapo-gu, Seoul, Republic of Korea
             3rd Floor
Telephone: 82-2-3142-4151
E-mail: jwlee@cyber.co.kr

테슬라와 아마존을 알면
데이터 금융이 보인다

2018. 2. 22. 1판 1쇄 발행
2021.   6. 10. 1판 3쇄 발행

┌─────────┐
│ 저자와의 │
│ 협의하에 │
│ 검인생략 │
└─────────┘

지은이 | 김민구
펴낸이 | 이종춘
펴낸곳 | [BM] ㈜도서출판 **성안당**

주소 | 04032 서울시 마포구 양화로 127 첨단빌딩 3층(출판기획 R&D 센터)
       | 10881 경기도 파주시 문발로 112 파주 출판 문화도시(제작 및 물류)
전화 | 02) 3142-0036
       | 031) 950-6300
팩스 | 031) 955-0510
등록 | 1973. 2. 1. 제406-2005-000046호
출판사 홈페이지 | **www.cyber.co.kr**
ISBN | 978-89-315-9010-4 (03320)
정가 | **15,000원**

이 책을 만든 사람들

책임 | 최옥현
기획 · 진행 | 정지현
표지 · 본문 디자인 | 앤미디어
홍보 | 김계향, 유미나, 서세원
국제부 | 이선민, 조혜란, 김혜숙
마케팅 | 구본철, 차정욱, 나진호, 이동후, 강호묵
마케팅 지원 | 장상범, 박지연
제작 | 김유석

■ **도서 A/S 안내**

성안당에서 발행하는 모든 도서는 저자와 출판사, 그리고 독자가 함께 만들어 나갑니다.
좋은 책을 펴내기 위해 많은 노력을 기울이고 있습니다. 혹시라도 내용상의 오류나 오탈자 등이
발견되면 **"좋은 책은 나라의 보배"**로서 우리 모두가 함께 만들어 간다는 마음으로 연락주시기
바랍니다. 수정 보완하여 더 나은 책이 되도록 최선을 다하겠습니다.
성안당은 늘 독자 여러분들의 소중한 의견을 기다리고 있습니다. 좋은 의견을 보내주시는 분께는
성안당 쇼핑몰의 포인트(3,000포인트)를 적립해 드립니다.
잘못 만들어진 책이나 부록 등이 파손된 경우에는 교환해 드립니다.